乱世を生きる成功の極意

戦国武将の処世術

水戸 計

Wisdom of Sengoku Warrior
text by Kei Mito

彩図社

はじめに

「明日の命は保証できない」

そんな言葉が、現実味を帯びて人々に重くのしかかった戦国時代。弱い者が命を落とす弱肉強食の厳しい社会だ。

だが、必ずしも強者だけが勝ち残ったわけではない。特別な武功がなくても、知恵や工夫を駆使してのし上がった武将が数多くいたのである。

激動の時代を生き抜くために必要だったもの。それは〝槍働き〟よりも、〝処世術〟だった。

戦は常に勝つとは限らない。とくに難局に追い込まれたときこそ、戦わずして勝つ方法を選びとることが重要だった。強大な相手に立ち向かうために敵対勢力と手を結ぶ、あるいは策謀を張り巡らせて組織をまとめ上げるといったことが、乱世では求められたのである。

ときは流れ、現代。命を落とす心配はなくなったが、ビジネスシーンでは戦国時代に負けず劣らずの熾烈な競争が繰り広げられている。そんな厳しい社会を生きる上で、戦国武将たちの処世術はこれ以上ないヒントになるはずだ。

本書では『名将言行録《めいしょうげんこうろく》』などを参考に、働くために必要な気構えや、知っておけば役に立つ人との接し方など、現代社会でも応用可能な戦国武将の処世術を数多く紹介している。

まず、第一章「天下人の処世術」では、天下人として名が知られている織田信長、豊臣秀吉、徳川家康を取り上げる。面白いのは、この3人の天下人、それぞれキャラクターがまったく違うことだ。もちろん、処世術もまったく異なっている。果たして、自分はどのタイプなのか、そんなことを考えながら、ぜひ読んでいただきたい。

第二章「リーダーの処世術」では、組織のリーダーである戦国大名の人心掌握術を中心に紹介する。どのように振る舞えば部下に信頼されるのか。また、どんな人物なら自分はついていきたいと思うのか。他者の気持ちだけでなく、自身の気持ちを知ることもできるはずだ。

第三章「お家存続の処世術」では、どんな手段を使ってでも一族を存続させようとする、武将たちの〝意地〟を見ることができる。彼らがとった〝積極的な防衛策〟を知れば、攻めること以上に、守ることの難しさを実感できることだろう。

第四章「乱世の処世術」では、意外な方法で戦国時代を生き抜いた武将たちを取り上げる。戦国時代が決して〝槍働き〟だけの時代でなかったことが、この章で再確認できるはずだ。

最後の第五章「敗者の処世術」では、残念ながら歴史の敗者となってしまった人物を取り上げる。彼らの失敗の原因を考え、教訓を導き出すのがこの章のテーマである。

本書を読むことによって、明日を生き抜くヒントを探っていただければ幸いである。

乱世を生きる成功の極意
戦国武将の処世術

目次

第二章 リーダーの処世術 47

第三章　お家存続の処世術　81

第四章　乱世の処世術　129

第五章　敗者の処世術　179

第一章　天下人の処世術

【織田信長の処世術①】

組織を強固にするために部下に緊張感を持たせるべし

織田信長（1534～1582）
尾張国（愛知県西部）出身の武将。桶狭間の戦いで今川義元を破って名を上げた。天下統一まであと一歩のところだったが、明智光秀の裏切りにより、本能寺で命を落とした。

恐怖支配で組織を統率した織田信長

組織では、上下関係をしっかりと意識させることで、部下に緊張感を持たせる方法がある。仕事に厳しい上司なら部下は恐怖感からがむしゃらに任務を全うするため、プロジェクトの円滑な遂行につながる。

プロ野球の世界でも、中日ドラゴンズ、阪神タイガース、東北楽天ゴールデンイーグルスなどで監督を歴任した星野仙一氏の厳しい指導方針は、〝鉄拳制裁〟などと言われることもある。星野氏は、部下の意識を前向きな方向へ変えることで成功をおさめた代表的な人物と

※①尾張国［おわりのくに］
現在の愛知県西部。戦国時代には、織田信長、豊臣秀吉など多くの戦国武将を輩出した。江戸時代には、御三家の1つである尾張徳川家の所領となった。

いっていいだろう。

戦国時代で、同じような手法をとったのが織田信長だ。

1534（天文3）年に尾張国※①で生まれた織田信長は、幼少期に〝うつけもの〟と呼ばれるほど荒れた生活を送るも、家督を継ぐとすぐに尾張国を統一。桶狭間の戦い※②で、今川《いまがわ》義元《よしもと》を破ると、続いて美濃国※③を平定し、室町幕府15代将軍・足利義昭《あしかがよしあき》に招かれるかたちで上洛する。

その後、義昭と仲違いするも信長の勢いは止まらず、関東、北陸、中国にそれぞれ軍司令官を派遣し、天下統一を目指す。しかし、京・本能寺で配下の明智光秀に襲撃され、夢半ばでその生涯を終えた。

その信長が家臣に非常に厳しかったのは、よく知られている話だ。父の代からの家臣であった佐久間信盛《さくまのぶもり》を躊躇《ちゅうちょ》なく追放処分にしているが、その罪状は「羽柴秀吉や明智光秀が様々な功績を挙げている中で、何もしなかったから」である。

さらに、困っているのならば「なぜ相談しに来ないのか」ということも問題としている。失敗したならばまだしも、何もしていないことが罪となった。これを知った配下の武将たちは、何か功績を挙げなければ明日は我が身だと緊張したことだろう。それこそが信長の狙いだったのだ。

※②桶狭間の戦い
［おけはざまのたたかい］
1560年、2万5000の大軍を率いて尾張に侵攻した駿河の今川義元を、尾張の織田信長が少数の軍勢で本陣を急襲。義元は討たれ、その後、今川家は衰退していった。

※③美濃国［みののくに］
現在の岐阜県南部。戦国時代では守護の土岐家を斉藤道三が追放。道三に続いて義龍、龍興が治める。1567年に尾張から侵攻した織田信長に倒され、その後は織田家の領土となる。

目的は戦国時代最大の改革

信長の「恐怖支配」は、戦国時代において〝革命〟でもあった。

そもそも、戦国大名の組織は、トップを頂点とするピラミット型でなく、大小の領主が集合する連合体であった。それは武田信玄であろうと上杉謙信※④であろうと例外ではなく、それぞれの国の領主の中で、もっとも大きい存在ということでしかなかった。連合体である場合、どんなに優秀でカリスマ性のあるトップが登場しても、主体性を発揮して組織を運営するのは難しい。

特に上杉謙信は、越後国内がまとまらないことに苛立ち、27歳の若さで突然、引退を宣言している。これに驚いた主な領主たちが緊急会議を開き、

「やはり、上杉謙信でなければ越後をまとめることはできない」

と意志を統一。連署して忠誠を誓い、さらに人質を謙信の居城である春日山城《かすがやまじょう》に送ることで、再び謙信を自分たちの盟主に担ぎ出した。〝越後の虎〟として近隣諸国から一目置かれていた謙信であっても、家臣団をまとめるためには一度、引退宣言をしなければ説得ができなかったのだ。

※④上杉謙信
戦上手のイメージが強い謙信だが、若い頃は家臣団をまとめるには苦労した。だが、そうした経験があったからこそ、自らを〝軍神〟として演出する巧みなイメージ戦略を展開できたのである。詳しくは130ページの上杉謙信の項を参照。

このような状況であったため、天下統一を目指した織田信長は、外部の敵と戦う以前に、内部の組織を自分の思い通りに動かせるピラミット型に改革する必要性があった。「恐怖支配」には主従関係を明確にし、信長のもと、家臣団を一枚岩にする目的があったのである。

さらに、強固なピラミッドを形成するために信長が行ったのが、出自にとらわれず優秀な人材を引き上げる人事異動である。羽柴秀吉がもっとも有名な例であろう。自分が引き上げた人物であるため、命令は忠実に遂行する。

また、先代からのしがらみなどもないため、余計な遠慮をしなくて済む。ピラミッドの下部に位置させるには、これほど便利な存在はない。現在の会社組織でも、新社長が改革に取り組むならば、古参社員の意識を変えるよりも、生きのいい新社員を入れて彼らを自分の色に染める方が簡単であるはずだ。

しかし、そんな信長の支配方法に、明智光秀は不満を持ったのかもしれない。光秀はそもそも、信長と遠戚関係※⑤にあり、「信長とは兄弟分である」という意識が人一倍強かったはずだ。その感情を読み取った信長が後年、調子に乗るなと光秀に厳しく対応するようになったことが、本能寺の変につながったとも考えられている。

ちなみに、「主君のためには命を捨てる」という倫理観が根付くのは江戸時代に入ってか

※⑤縁戚関係
織田信長の正室である濃姫と明智光秀は従兄妹同士という説がある。ただ、光秀の前半生には不明な点が多く、確証はない。

らである。絶対的な〝主従の関係〟は、支配する上で好都合である。そう考えた江戸幕府が、主従関係を重視する朱子学《しゅしがく》を奨励したことが大きい。

本当は〝いい人〟織田信長

織田信長の「恐怖支配」には、しっかりとした目的があったことがわかっていただけたであろう。また、信長を生まれながらの〝冷血漢〟であったとする見方もあるが、決してそうとは言い切れない。なぜなら、自分を裏切った部下さえもたびたび許しているからだ。

信長は、若いときに重臣である柴田勝家に裏切られたがこれを許し、その後の合戦では重要な部署に配置。最終的には北陸方面の軍司令官に任命し、大きな信頼を寄せている。また、斎藤道三《さいとうどうさん》、宇喜多直家《うきたなおいえ》と並んで日本の戦国時代の三大梟雄《きょうゆう》とも呼ばれる松永久秀※⑥をも、何度か許している。

さらに、信長に謁見した羽柴秀吉の妻・おねが夫の浮気癖を愚痴ったことがあった。それを聞いた信長は後日、彼女に手紙を差し出し、

「以前に会見したときよりはるかに綺麗になっている。あの禿げ鼠（秀吉のこと）には、お主のような女性はもったいない。どこを捜してもお主ほどの女を再び、あの禿げ鼠めが女房

※⑥松永久秀
［まつなが ひさひで］（1510〜1577）主君・三好長慶（みよし・ながよし）を滅ぼし、さらに室町幕府第13代将軍の足利義輝（あしかが・よしてる）を襲撃し自殺に追い込んだ。やがて三

にすることはできないだろう」

とベタ褒めして、

「不満があることはわかるが、これからは明るく振る舞い、嫉妬しているような素振りをしてはいけないぞ」

との丁寧なアドバイスをおくっている。

もし、信長が、ただの〝冷血漢〟であれば、部下の妻に対して、このようなきめ細やかなアフターケアをするはずがないだろう。

ちなみに、先ほど例に出した星野仙一氏も、選手の妻の誕生日には必ず花束を贈るというエピソードがある。部下の妻に気遣うということは、「恐怖支配」をする上で1つのキーポイントになるのかもしれない。

織田信長の処世術

強い組織をつくるコツは、部下に適度な緊張感を持たせることにある。ただし、恐怖で縛りつけるだけでは組織は長くは続かない。部下が働きやすいように気を配るなど、アメとムチの使い分けが重要だ。

好家と対立。その後、京へ侵攻した織田信長に降伏したが、反旗を翻し足利義昭の信長包囲網に参加。このときは許されるも、再び信長を裏切り、倒された。最後は信長に名器・平蜘蛛（ひらぐも）茶釜を差し出せば命まではとらないと言われたが拒否。茶釜に爆薬を仕込んで自爆した。

【織田信長の処世術②】

細かい仕事は部下に任せ上司は仕事全体の舵を取れ

織田信長（1534～1582）尾張国（愛知県西部）出身の武将。桶狭間の戦いで今川義元を破って名を上げた。天下統一まであと一歩のところだったが、明智光秀の裏切りにより、本能寺で命を落とした。

信長が日本各地に派遣した軍司令官の活躍

組織のトップには大きく分けて２つのタイプが存在する。

１つは自身の力に絶対的な自信を持ち、すべての業務を自分が統制しようとするワンマンタイプ。もう１つはその逆で、部下の意見を積極的に採用したり、部下に大きな裁量権を与えるタイプ。

いったいどちらのタイプが組織にふさわしいのか、答えるのは難しい。ただ、組織を拡大させていくセオリーとして、最初はワンマン体制であっても、徐々に変化させて柔軟性を高めていくのが組織運営の正攻法だろう。

織田信長について、典型的なワンマンのイメージを持たれている方も多いかもしれない。

だが、信長であろうとも、組織が拡大していくと実力ある部下には大きな裁量権を与え、ワンマン体制から脱却していた。※①信長支配の末期になると、各方面ごとに軍司令官を置き、彼らに各地の攻略を任せるようになった。

その構成をまとめると、次のようになる。

・中国方面軍……羽柴秀吉が指揮。中国地方の実力者であった毛利家討伐のために編成された軍団で、秀吉の腹心である黒田官兵衛、蜂須賀《はちすか》正勝《まさかつ》、羽柴秀長らが従った。

・北陸方面軍……柴田勝家が指揮。加賀を平定後に能登、越中にも進出。佐々《さっさ》成政《なりまさ》、前田利家、佐久間盛政《もりまさ》らが従った。

・畿内方面軍……明智光秀が指揮。山城、大和、近江、丹波、丹後を統括する軍団。これらの地はすでに信長領であったが、各地でまだくすぶっていた反乱軍に対応した。

・関東方面軍……滝川一益《たきがわかずます》が指揮。関東の実力者であった北条家との戦いを意識して結成された。真田昌幸《さなだまさゆき》、長尾顕長《ながおあきなが》らが従った。

・四国方面軍……神戸《かんべ》（織田）信孝《のぶたか》が指揮。四国の実力者であった※②長宗我部家を将来的に

※①信長支配の末期
織田信長の最大領土は、東海、近畿、北陸、中国、関東の一部まで約700万石に達していた。

※②長宗我部家
［ちょうそかべけ］
土佐国（現在の高知県）の豪族。特に元親の時代には四国一帯を治めるまでに成長した。しかし、関ヶ原の戦いで西軍方に従ったため領土は没収された。

討伐するために組織されたが、信長が本能寺の変で死んだため戦闘行動はなかった。

これら各方面軍以外にも、友軍として徳川家康がいた。さらに信長自身も親衛隊を持ち、各方面に駆けつける準備ができていた。

こうした入念な準備には、地政学的な問題が関係している。信長は、東海・近畿地方で勢力を伸ばしたため、東西南北どの方面にも敵がいる。いくら信長でも、すべての方面に対して目を向けるのは不可能である。対策として、各方面へ部隊を配置する必要があった。

組織のトップともなれば、すべてのことに口を出したくなるかもしれないが、大きな裁量を与えて、部下に任せるのが信長流であった。組織を拡大させる中、信長は現在でも通じる正攻法を戦略としていたのである。

軍司令官たちの経歴から見る実力主義

信長が各地に派遣した軍司令官たちの経歴を見ていくと面白い。

中国方面軍の羽柴秀吉は、ご存じのとおり百姓から実力で成り上がった人物である。北陸方面の柴田勝家は、信長の父・信秀《のぶひで》の代から仕えている重臣。しかし、信長の弟・信行《のぶゆき》が逆らったときは、信長と敵対していた。畿内方面の明智光秀は、浪人の身分から信長に仕えた。滝川一益《たきがわかずまさ》は、信長に仕える前の経歴は不明なところが多いが、忍者出身という説もある。※③四国方面の神戸信孝《かんべのぶたか》は信長の三男。伊勢中部を支配する豪族神戸氏を継いだため、神戸姓を名乗っている。

まとめると、百姓出身、一度裏切った重臣、浪人、忍者、親族と非常にバラエティに富んでいる。これは、信長が実力主義を徹底していた結果といえるだろう。

一方で、実力のない者には信長は厳しい。柴田勝家以外にも、織田家には林秀貞《はやしひでさだ》や佐久間《さくま》信盛《のぶもり》など古参の家臣がいたが、彼らは最終的に追放処分となっている。尾張の地方豪族の家臣としては十分であったかもしれないが、天下統一へ進む信長の目には彼らは力不足と映ったようだ。

ちなみに、信長の実力主義というのは、他の戦国武将と色合いがかなり異なっている。

桶狭間の戦いで今川義元の首を挙げた毛利十郎※④という人物がいる。当時の常識で考えれば、この歴史的な戦いで敵の総大将の首を挙げたのだから功績は大きいはずだが、彼はその後、大きな恩賞を受け取った形跡もなければ、大出世したという記録もない。信長は一度の戦闘で活躍した武将よりも、それ以前の裏工作や情報戦で活躍した武将を評価していた。偶然いい結果を残した者ではなく、努力して成果を挙げた者を評価したのである。

※③忍者出身
滝川一益は、父が甲賀出身であったため、忍者であったのではないかという説がある。また、鉄砲の腕前が認められ、織田家に仕官した。

※④毛利十郎
桶狭間の戦い後は黒母衣衆として、信長の側近であったようだが、詳しい戦歴などは不明。

堅実な作戦を好んだ信長

さらに、織田信長の戦い方を分析したい。前述した桶狭間の戦いでは、奇襲戦法で大勝利を得た。この印象が強いため、信長は奇抜な戦法を多用すると思われている方も多いだろう。

しかし、実際には、少数の味方で多数の敵に挑んだのは桶狭間の戦いだけである。他の合戦では※⑤決して冒険的な作戦は用いなかった。

また、歯が立たないと感じた相手とも決して争わなかった。

信長が若い頃、大きな軍事力を持っていたのは武田信玄と上杉謙信である。信長は、彼らに対して土下座外交を貫き、戦《いくさ》や外交上の対立を避け続けた。

武田家には自身の養女を信玄の子・勝頼《かつより》へ嫁がせ、さらに毎年のように贈り物をしてご機嫌をうかがった。

そして、もう一方の謙信からは、

「私が上洛したときは、貴殿と雌雄《しゆう》を決したいものだ」

という挑発的な手紙が届いても、

「戦いとは恐れ多い。その時は瀬田《せた》橋まで迎えに行き、馬の口をとらせていただきたい」

※⑤決して冒険的な……長篠の戦いでは、数の上で信長が圧倒的に優位に立っていた。武田軍1万5000の軍勢に対し、織田・徳川連合軍は3万8000人と、その差は歴然である。長篠の戦いについては、186ページ注①も参照。

と返信して、これ以上ないへりくだりを見せた。

また、信長は尾張国内の統一、美濃攻略、近江攻略に7年以上、※⑥石山本願寺への攻撃は10年の歳月をかけている。それだけ難しい戦いであったということかもしれないが、信長は粘り強く攻め続けた。〝短気〟なイメージも強い信長だが、これだけ我慢強く攻略を続けたことを考えると、慎重な面も持った人間だったことがよくわかる。

大軍をもって寡兵《かへい》を攻め、勝てそうにない相手との戦闘は避ける。さらに無理なことはせず粘り強く戦う。それが信長の戦い方である。同じように組織運営にも柔軟性を見せており、ワンマン体制から徐々に部下に裁量権を与えるという正攻法をとっていた。

つまり、奇をてらわない正攻法こそが、織田信長の躍進を支えた戦略だったのである。

※⑥石山本願寺
［いしやまほんがんじ］
浄土真宗本山。現在の大阪城本丸の地にあったとされる。戦国大名に匹敵する大領主だったが、信長の対立勢力をかばったことで戦火に巻き込まれ焼失。182ページ注③も参照。

織田信長の処世術

すべてがトップダウン型の組織では、必ずいつかはボロが出る。自分の目が届かないところは、部下を信じて仕事を任せる。そうして部下を育てていけば、自ずと強い組織ができていく。

【豊臣秀吉の処世術①】

現実的な目標こそが夢の実現を後押しする

豊臣秀吉（1536～1598）
尾張国出身の武将。織田家の家臣となって立身出世を繰り返し、信長がなしえなかった天下統一を果たした。また、〝人たらし〟と言われ、人心掌握が巧みであった。

立候補して積極的に仕事を獲得

企業に所属すれば、誰しも〝もっと出世したい〟と考えるだろう。

しかし、望んだところでそう簡単にいくものではない。仕事がデキればチャンスは増えるが、それだけで出世するとも限らない。そもそも、仕事というのは、ときとして数字では評価が見えにくいこともあり、他者と比べることが難しい面もある。

日本史上、もっとも出世した人物が豊臣秀吉であることは間違いないだろう。そんな彼から出世の方法について学ぶことは多い。

豊臣秀吉は尾張国中村に１５３６（天文５）年に生まれた。貧しい百姓の家に生まれたため幼少期の経歴※①は不明な点も多いが、１５５８年頃から織田信長に仕え数々の功績を挙げたことで織田家の重臣となる。そして、本能寺の変で信長を討った明智光秀を倒したことで、天下人への階段をのぼることになった。

仕事で大きな結果を残した秀吉だが、それだけでなく、処世術も巧みな人物であった。本項では、天下を統一するまでに秀吉が実践した様々な処世術の実態を紹介したい。まずは信長配下時代の処世術から見ていこう。

そもそも、秀吉が仕えた織田信長は、上司としては非常に難しい相手であった。とにかく信長は能力のない人間が大嫌いである。そのため、信長に仕え続けるためには処世術以前に実績を上げ続ける必要があった。

実力重視というのは、組織の効率化を図るなら当たり前のやり方ではあるが、部下からすれば非常に厳しい方針だ。しかし、身分の低い秀吉からすればとてもありがたかった。実績という観点において秀吉の働きぶりは申し分がない。その実績が評価されたからこそ、織田家の軍司令官にまで出世することができたのである。

では、厳しい信長のもと、秀吉はどのようにして仕事を獲得していったのか。その答えは〝立候補〟である。講談※②では、清洲城《きよすじょう》の補修工事や墨俣城《すのまたじょう》築城などの仕事を立候補して獲得

※①経歴は不明な点も多い
『太閤素性記』によると、秀吉は尾張国中村の出身とされている。ただ、青年期の経歴は針売りとして放浪、大工・鍛冶、技術者集団、行商人など様々な説があり、定かではない。

※②講談
軍記物や武勇伝などを客に語り聞かせる江戸時代の寄席演芸。講談を本にまとめた講談本とともに人気を博した。不明な点が多い豊臣秀吉の幼少期を記した書物として、江戸時代に書かれた『太閤素性記』『絵本太閤記』などがある。

したエピソードが語られる。清洲城の補修工事では、班分けして持ち場を分担させ競わせることですばやく作業を完了させ、墨俣城築城の際は、使用する用材を筏に組んでこぎ渡し、短期間で作業を終わらせた。

そして、秀吉にとってもっとも危険な作戦だったのが、※③信長を裏切った近江・浅井軍から退避するときの殿《しんがり》である。同僚たちも怖気づいた危険な任務だったが、それに立候補してきちんと役目を果たしたことで、秀吉は信長に大きく評価された。

〝待つ〟姿勢でなく、〝攻める〟姿勢こそが秀吉の処世術の武器であったのだ。

出世には同僚からの評判も重要

現代の会社組織でも、大出世を遂げた人物には、周囲の視線が冷たくなることがある。このような状況では、いつ身内から反発され、足を引っ張られるかわからない。秀吉も同じような状況であったはずだ。立候補して仕事を取ってくる秀吉に敵意を抱き、「生意気な奴だ」と陰口を叩く同僚がいたことは容易に想像ができる。

そんな秀吉は、木下藤吉郎から名前を変える際に、先輩格である柴田勝家と丹羽《にわ》長秀《ながひで》の名字から一字ずつもらい、〝羽柴〟という姓を名乗った。

※③信長を裏切った近江・浅井軍
越前の朝倉義景を攻撃していた織田信長を、浅井長政配下の部隊が急襲。浅井家は織田・朝倉両家と同盟関係にあったが、朝倉家との古くからの関係を重んじて織田軍を攻撃した。完全に意表をつかれ混乱した織田軍であったが、秀吉や光秀などが殿を務めたおかげで、信長はなんとか京へ逃げ延びることができた。一方、信長に逆らい怒りを買った浅井家は、朝倉家共々滅ぼされることになった。

柴田勝家にしても、丹羽長秀にしても、秀吉より早くから信長に仕え、織田家を支えてきた人物である。その2人に対して、「尊敬する先輩方のお名前を一字いただきたい」というのは、あまりにもあからさまなゴマすりにも見える。ただ、長秀や勝家からすれば、「それだけ秀吉が自分たちを重い存在であると認めている」ということでもあるため、決して悪い気はしなかったようだ。

このように、あからさまなおべっかでも行動に移すことが、先輩たちに対する秀吉流の気配りであった。秀吉に対する勝家と長秀の評価も、「生意気な奴」から「かわいいところもあるじゃないか」と変わったことだろう。

ただ、人たらしの秀吉であっても、最初から周囲に気配りができたわけではなかった。信長に仕える前、秀吉は今川義元の配下で、遠江国《とおとうみのくに》頭陀寺《ずだじ》城主《じょうしゅ》・松下之綱※④のもとで働いていた。当時も秀吉の力量は他の配下よりも抜きんでており、納戸《なんど》の出納《すいとう》をまかされた。

しかし、周囲から妬まれるようになり、イジメも受けた。物が無くなれば、関係がなくとも秀吉のせいにされたりした。松下之綱は配下たちのこの騒ぎを、秀吉を解雇することでおさめている。この悔しい出来事によって秀吉は〝いくら仕事ができてもそれだけでは出世し続けることができない〟ということを学んだのだろう。

処世術の天才と言っても過言ではない秀吉だが、彼の処世術は若いときの苦い経験から学

※④松下之綱
［まつした ゆきつな］
遠江国頭陀寺城主として今川義元に仕えた。豊臣秀吉が最初に仕えた人物である。今川家滅亡後は、徳川家、武田家などを転々とするが、最後は過去の恩を返そうとした豊臣秀吉によって、遠江国で1万6000石が与えられた。

んで身に付けたものであった。

意外に現実的な秀吉の目標設定

危険を承知で〝立候補〟して実績を積み上げた秀吉であったが、本人は危険であることは理解していても、決して無謀だとは思っていなかったはずだ。そもそも、秀吉は後先考えずに無謀なことをする人間ではなかった。それを裏付けるエピソードが残っている。

秀吉が300石※⑤の武士となったとき、酒の席で同僚たちからこんな質問をされた。

「お前の目標は何だ？」

後に天下を取る秀吉である。こんなときは誰もが驚く目標を語ると想像する方も多いだろう。テレビドラマなどでは、若い頃から大言を放つ秀吉が描かれる。しかし、実際には、

「600石の武士になる」

と答えたという。

それを聞いた同僚たちからは、そんなに志が低くては出世などできないぞ、と笑われた。一国一城の主になると鼻息を荒くして語っていた同僚たちからすれば、このときの秀吉は志の低い臆病者にしか見えなかったはずだ。

※⑤300石の武士
およそ100石で騎馬が認められ、従者もつけることが許された。地域差や年代差はあるが、300石は小領主ほどの規模だったと言われている。ちなみに江戸時代には、大人1人が1年に食べる米の量が1石と換算された。

一般的に知られている秀吉のイメージからすれば、意外な発言だと思われるかもしれない。ただ、以上のエピソードから、秀吉が非常に冷静な判断を下す現実主義者であることが垣間見れる。墨俣城《すのまたじょう》の築城や殿《しんがり》への立候補も、秀吉からすれば決して無謀なことではなく、しっかりと成功が計算できた仕事であったのだろう。

現実的な目標設定でこれまで出世してきた秀吉が天下を意識したのは、本能寺の変で信長が明智光秀に討たれたとき、黒田官兵衛※⑥に天下を狙うべきだと進言されてからである。それまでは現実的な目標の達成を目指していたようだ。そうした日々の積み重ねがあったからこそ、官兵衛もこの人ならやれると思い、天下取りを進言したのだろう。

はるかなる夢を語り合い夢想するのは、気分の良いものであるが、現実的な目標を見据えることができなければ、〝夢〟は叶わないのだ。

豊臣秀吉の処世術

順風満帆なときにこそ、対人関係で思わぬ落とし穴に陥ることがある。出世に妬みは付き物だが、同僚や部下とうまくやっていくためには、普段からの人付き合いに気を配る〝根回し〟が重要になる。

※⑥黒田官兵衛（1546〜1604）［くろだ かんべえ］姫路出身の戦国武将。播磨攻め以降、秀吉に仕え軍事司令官として活躍した。〝軍師〟と称されることもあるが、秀吉の参謀を務めたわけではない。94ページの黒田官兵衛の項も参照。

【豊臣秀吉の処世術②】

意見を押し通す力技だけが目標達成の手段ではない

豊臣秀吉（1536～1598）
尾張国出身の武将。織田家の家臣となって立身出世を繰り返し、信長がなしえなかった天下統一を果たした。また、〝人たらし〟と言われ、人心掌握が巧みであった。

信長の後継者決定会議の顛末やいかに

目標を達成するために真剣になればなるほど、

「とりあえず、力技で押し続ける」

という方法を取ってしまう方もいるのではないだろうか。

その気持ちはわからなくもないが、押すだけでは何も解決しない。

そんなことをわかっていたのか、秀吉は清洲※①会議で押すだけでなく引くことで成功をおさめている。

※①清洲［きよす］会議　1582年7月16日に行われた織田家の後継者を決める会議。参加者には諸説あり、『武家事紀』には羽柴秀吉、柴田勝家、丹羽長秀、池田恒興、滝川一益の宿老5人に信雄、信孝の2人が参加したと記されている。『多聞院日記』では羽柴秀吉、柴田勝家、丹羽長秀、池田恒興、堀秀政の5人。秀吉がのちに家臣に宛て

織田信長が本能寺の変で明智光秀に討たれ、その光秀を山崎の戦いで羽柴秀吉が倒す。その後に、織田家の後継者を決めるために行われたのが清洲会議である。この会議によって、秀吉は天下取りへ大きく前進した。

まずは清洲会議の概要を確認したい。

参加したのは、織田家の重臣である柴田勝家、丹羽《にわ》長秀《ながひで》、池田恒興《いけだつねおき》、そして羽柴秀吉だ。信長とともに長男である信忠《のぶただ》も本能寺で死亡していたため、後継者の候補は次男の信雄※②、三男の信孝※③、そして信忠の子である三法師《さんぼうし》であった。

そもそも、信長の後継者として正式に決まっていたのは、長男の信忠であった。その信忠が亡くなっているため、正統な後継者は子の三法師である。しかし、三法師は当時3歳。これでは、戦国の世の大名としては幼すぎる。

そこで、次男の信雄、三男の信孝が有力候補として名前が挙がった。特に三男の信孝は、明智光秀の討伐に参加していたことに加え、織田家の配下でもっとも地位が高い柴田勝家のバックアップもあった。そのため、自分が信長の後継者になれると思っていたようだ。

また、キリスト教に理解があったことから、外国人宣教師たちの間でも信孝の評判はよかった。

ただ、もう一方の信雄もまったく可能性がないわけでない。順番でいけば次男である信

た手紙では「4人の宿老」とされ、関東から戻れなかった滝川一益以外の羽柴秀吉、柴田勝家、丹羽長秀、池田恒興が参加したと書かれている。

※②信雄［のぶかつ］（1558〜1630）織田信長の次男。江戸時代まで生き抜くが、同僚からは、信雄が失態を犯すと、「三介殿（信雄）のなさる事よ」と呆れ気味に評されることが多い人物であった。

※③信孝［のぶたか］（1558〜1583）伊勢の豪族・神戸氏を継いだため神戸信孝とも呼ばれた。信長の死後は、柴田勝家と行動を共にするが、賤ヶ岳の戦いで勝家が敗れると、尾張の大御堂寺で自害した。

雄の方が後継者にふさわしいはずだし、信雄の母は信忠と同じ生駒氏※④の女性であった。信孝の方が信雄よりも早く生まれていたが、生駒氏は側室の中で信長にもっとも愛された人物であったため、序列的には信雄が次男とされていた。

会議の前から、この信雄と信孝が後継者としての正当性を主張し激しく争っていた。

しかし、清洲会議の結果、選ばれたのは三法師であった。三法師をプッシュしたのは、羽柴秀吉を中心に丹羽長秀、池田恒興である。結局、信雄には伊勢・尾張、信孝には美濃が与えられたものの、後継者にはなれなかった。

以上が清洲会議の顛末《てんまつ》である。

勝家説得のため本拠地長浜を捨てる

続いて、実際の清洲会議を細かく分析していきたい。

組織のトップの突然の死により、重役たちが今後の経営方針を模索し、後継者を決める会議。そんな中で、この機会に乗っ取ってしまおうと考えた重役こそが羽柴秀吉であった。

この重役は、決して序列は高くないものの、圧倒的なスピードで組織の大混乱を抑えたという実績があり、いつのまにか発言力が大きくなっていた。

※④生駒氏［いこまし］
現在の奈良県生駒市にルーツを持つ大名家。生駒家宗が信長に仕え、尾張領内で油や染料などの商いなどをして財を成した。江戸時代には尾張藩の家老を務め、幕末まで存続している。

天下を狙うためには、必ず織田家の後継者に自分の都合のよい人物を就任させる必要がある。そこで、秀吉はまだ幼い三法師ならば自らの思い通りに動かすことができると考えた。会議前、秀吉は三法師を玩具で手なずけ、会議にも自らが抱いて登場させている。

会議に参加したメンバーのうち、家中《かちゅう》でもっとも地位の高い柴田勝家が信孝をプッシュすることはわかっていた。そこで秀吉は、残りの丹羽長秀《にわながひで》、池田恒興《いけだつねおき》を味方につけることにした。この根回しによって、秀吉は三法師を信長の後継者にすることに成功したのである。

しかし、それでは納得できないのが勝家だ。もし、不満を持った勝家が反対すれば、この会議の決定が意味のないものになりかねない。秀吉は勝家をなんとか納得させなければならなかった。

秀吉は、家中で空白地となった土地の配分で、勝家が納得できるように大きく譲歩した。政治の中心地である山城《やましろ》は自身のものとしたが、秀吉が信長から与えられ、初めて一国一城の主となれた北近江長浜[※⑤]は勝家に譲ったのである。長浜は秀吉にとってかけがえのない、思い入れのある土地であった。それを手放すということは、手塩にかけて育てた城下町をも勝家にすべて渡してしまうことも意味する。

身を削ったように見えた秀吉のこの決断に、勝家も考えを改めたに違いない。

「大事な思い出の地まで譲るということは、よほどの覚悟だ」

※⑤北近江長浜
現在の滋賀県長浜市。滋賀県北東部に位置している。秀吉は浅井長政攻めの功で織田信長から浅井氏の旧領を拝領する形で長浜を与えられている。

と考え会議の決定に納得する。
これで清洲会議は成立した。押すだけでなく、引くことを知っていた秀吉だからこそ、話し合いをスムーズに進めることができたのだ。

目標達成のため母も妹も人質へ

清洲会議の決定から見ると、豊臣秀吉は、自身の目標を達成するためにはノスタルジックな感傷など簡単に捨ててしまう覚悟があったようだ。秀吉といえば〝人たらし〟のイメージがあって、人間愛に溢れた人物を想像する方も少なくないと思うが、実際の判断では、感傷的になることはなかった。ときには人間味のない判断を下すのが秀吉なのである。

他にも、母親と妹を徳川家康へ人質に送るという判断を下したこともあった。

※⑥小牧・長久手の戦いを政略によって有利に終わらせた秀吉は、家康が自分に従属したことを全国に証明したかった。そのためには、家康が秀吉に頭を下げにやってくるパフォーマンスが必要不可欠。

しかし、いくら上洛するよう促しても、家康はなかなか秀吉に会いにこなかった。家康側からすれば、秀吉におめおめ顔を出せば殺される可能性もあるため、そう簡単に会いには行

※⑥小牧・長久手の戦い［こまき・ながくてのたたかい］
1584年に、羽柴秀吉と織田信雄・徳川家康の間で行われた戦い。合戦開始から半年以上たっても決着はつかなかったが、織田信雄が秀吉と単独講和してしまったことから徳川家康は孤立。結局、家康も秀吉に従うことになった。

けない。慎重に動くのは当然だった。そこで秀吉は、自身の母親と妹を徳川家へ人質として送ったのである。

徳川方で秀吉の母の世話役に任じられたのが本多作左衛門[※⑦]である。作左衛門は建物の周辺に薪を大量に積みあげ、もし家康の身に変事があればただちに焼き殺す姿勢を見せた。秀吉ならば、母がこのように危険な目に遭うことはわかっていたはずである。それでも、秀吉は目的達成のために母を人質として送った。

思い出の地だろうと、母親だろうと、妹だろうと、勝利を得るためには使える手札をすべてを使う。ある意味で〝人間味のない判断〟ができるところが、天下人となった豊臣秀吉の処世術であった。秀吉のイメージからすれば少し意外な気もするが、これもまた事実である。

豊臣秀吉の処世術

重要な案件であればあるほど、通すためには相手への譲歩が必要だ。自分の意見を押し通しても、得られる利益は一時的なものになる。身を削り相手も納得する妥協点を見つけることも問題解決の一手段である。

※⑦本多作左衛門［ほんだ さくざえもん］名は重次（しげつぐ）。勇猛果敢で意志が強い性格から「鬼作左」と呼ばれた。小田原城征伐後に豊臣秀吉の命により、上総国、続いて下総国に蟄居となる。作左衛門の「一筆啓上 火の用心 お仙泣かすな 馬肥やせ」という手紙が有名である。

【徳川家康の処世術①】

周囲の意見をよく聞けば自分に足りない才能を補える

徳川家康（1542～1616）三河国（愛知県東部）出身の武将。小大名の家に生まれ幼少期は人質生活を送ったが、独立後、領地を拡大。戦国の世を終結させて江戸幕府を開き、泰平の世を創りだした。

天下人家康の英雄っぽくない処世術

時代に名前を刻むような成功者は、常人には備わっていない〝とんでもない才能〟を身に付けていると思われる方が多いのではないだろうか。そんな人物を見て、「自分には到底、何か大きなことを成し遂げることなどできない」と自らの能力を省みて、悲観的になってしまう方もいることだろう。

もちろん、〝特別な才能〟を身に付けていれば、仕事でもプライベートでも有利な立場を得られるかもしれないが、そんな才能がなければ成功できないというのは間違いである。

激動の戦国時代の最終勝利者となり、江戸時代という200年以上の太平の世を切り開いた徳川家康は、〝特別な才能〟を持って生まれた人物ではなかった。

三河国※①に生まれた家康は、幼少期に今川家と織田家で人質生活を送った。今川家が勢力を失うと独立して、織田信長と同盟を締結。信長死後は一時、豊臣秀吉と対立するも後に和解し、秀吉に次ぐ大大名として他家から一目置かれるようになる。その秀吉が亡くなると、関ヶ原の戦いで石田三成を破って豊臣家から天下を奪い、江戸幕府を興した。

こうした実績を見ると、日本史上最大の成功者とも言える家康だが、織田信長や豊臣秀吉と比べると人気面では劣る。「尊敬する日本の偉人は?」というアンケート調査はよく行われるが、家康が第1位となるとはあまり聞かない。そんなアンケートでは、戦国時代では織田信長、それ以外なら坂本龍馬であることが多いのではないだろうか。

なぜ、家康には人気がないのか。

まず考えられるのが、彼が〝狸《たぬき》〟と形容されることからもわかるとおり、巧みに権謀《けんぼう》術数《じゅっすう》を使い、悪く言えばずる賢く天下を我が物にしたというイメージを持たれているからだ。特に関ヶ原の戦い前夜や大坂の陣で豊臣家を滅亡させるときの謀略めいた行動は、イメージがきわめて悪い。

しかし、権謀術数なんてものは、信長であろうと、秀吉であろうと、さらに武田信玄でも

※①三河国
［みかわのくに］
現在の愛知県東部。今川家から独立した家康がその大部分を手中に収めた。信長が勢力を築いた尾張国の隣国。

上杉謙信でも、正面突破で事態が打開できないときは使っている。特別、家康だけが多用したわけではない。

それでは、なぜ人気がないのか。その大きな理由の1つに、織田信長や坂本龍馬が持っていた〝特別な才能〟ともいえる〝独創性〟がなかったことが大きいのではないだろうか。

自分を負かした信玄の軍事を真似る

歴史上の人気者には必ず〝独創性〟がある。古い秩序から新しい秩序を創造して移行させたのが織田信長だ。また、人気の高い坂本龍馬も、欧米列強から学び新しい時代を創造した人物である。

そんな信長や龍馬に比べ、家康は独創性の面では目新しいものがない。軍事面では、尊敬する武田信玄の方法を完全に真似している。

武田家が滅亡すると家康は鳥居元忠※②に命じて、甲斐国《かいのくに》に残されていた信玄の軍法の書き付けや武器、武具を収集させている。

さらに、

「今後は信玄流の軍法で、徳川軍を整備する」

※②鳥居元忠
［とりい もとただ］
（1539〜1600）
三河時代から徳川家康に従った古参の家臣。関ヶ原の戦い直前に玉砕覚悟で伏見城に籠城して討死している。京都の養源院の天井は伏見城の床板を再利用したものだと言われており、元忠の血と思われる跡も残っている。

と正式にお触れを出し、それを守るよう一兵卒まで徹底させていた。さらに、武田家の元家臣と聞けば、積極的に採用した。

特に有名なのは、井伊直政の部隊の「赤備《あかぞな》え」である。これは、具足、旗指物《はたさしもの》などのあらゆる武具を朱塗りにした部隊編成で、もともとは信玄の部隊編成の中に組み込まれていたものである。派手さを好まない家康であったが、信玄を真似するためには、自身の趣向とは違うものでも積極的に採用した。

家康が信玄の模倣にこだわるのには訳《わけ》がある。それは、信玄の最後の大戦ともされている三方ヶ原の戦い※③で大惨敗したことだ。この戦《いくさ》で家康は、人生最大の敗北を経験した。自分をうち負かした信玄の軍法をそのまま真似することは、「勝者から学ぶ」という観点から見れば非常に有益であろう。それが家康の戦乱の世を生き抜く処世術であった。

ただ、家康が優れていた点は、勝者から学ぶ姿勢以上に、〝自分は信長などとは違い、独創性を持っていない〟ということをしっかりと分析できていたことだ。

「自分ならばできる」

と過剰に自身の実力を見積もっているような人間であれば、そのプライドから、他者の優れた点を真似するようなことは恥ずかしいと感じるかもしれない。

しかし、家康は自身の実力を客観的に知ることができていた。独創性という面では、信玄

※③三方ヶ原の戦い［みかたがはらのたたかい］
1572年に、遠江国敷知郡の三方ヶ原（現在の静岡県浜松市）で起こった武田信玄4万3000人と徳川家康、織田信長の連合軍2万8000人との間で行われた戦い。徳川家康はこの戦いで大敗北。家康の一生のトラウマとなったとも言われている。

や織田信長など、強力な戦国大名に劣っていたこともわかっていたのだろう。己を知っていたからこそ、他者の真似をして優れた点を取り入れることができたのである。

成功の秘訣は独創性を補う謙虚さ

独創性がなかった徳川家康だが、多くの意見を聞き取り入れようとする謙虚さと貪欲さは生涯忘れなかった。

浜松城で家康が複数の配下と会っていたとき、その1人が1通の意見書を差し出した。戦国時代に部下が上司に意見を言うのは、現在以上に勇気がいることである。家康は、まずその姿勢を褒め、

「気兼《きが》ねなく、読み上げよ」

と命じ、

「今後も何かあれば、遠慮せずに述べよ」

と指示すると、その配下は感激した。

その後、家康は同席していた本多正信※④に、

※④本多正信
［ほんだ まさのぶ］
（1538〜1616）
家康の側近。内政や外交に力を発揮し、他大名からも一目置かれた。172ページの本多正信の項も参照。

「先ほどの意見で何か参考になるものはあったか」

と質問した。それに対して正信は、

「まったくございませぬ」

との返事。正信の意見に家康も同感であったが、

「役に立たなければ、その意見を採用しなければいいだけだ。ただ、偉くなると周囲の者が〝ごもっとも〟しか言わなくなる。それでは自分の欠点がわからなくなる」

と語った。


身分が高くなると、周囲の者がイエスマンになってしまう傾向がある。しかし、それでは自分の欠点を修正することができない。だからこそ、自身に直言してくれる家臣は貴重であると家康は考えていたようだ。もちろん、このときの配下のようにあまり役に立たない意見もあるだろう。だが、そのときは採用しなければいいだけの話である。配下の意見を封じてしまっては、自分にとっても家中にとっても大きなマイナスとなると家康は判断した。

家臣からの意見をありがたがる家康の姿勢は非常に謙虚だが、話はこれだけでは終わらない。家康は城壁に書かれた落書きすらも参考にしようとしている。

二条城に家康がいたときに、城壁に落書きされたことがあった。徳川家臣の板倉勝重[※⑤]は、落書きをした犯人を捜し出して処罰しようとしたが、それに対して家康は、

※⑤板倉勝重
［いたくら かつしげ］
（1545〜1624）
幼少時に出家して浄土真宗の僧となるが徳川家康の命により家督を相続。関ヶ原の戦い後は、京都町奉行（後の京都所司代）に任命され、治安維持、朝廷の掌握、豊臣家の監視を行った。

「落書きを禁じてはならない。わしの心得になるものもあるかもしれないから、どれ、まずは見てみよう」

と語ったという。

落書きからでも何かを得ようとする謙虚な姿勢を持っていた家康ならば、武田信玄の優れた軍法を真似することなど、恥ずかしいと感じることはなかったはずだ。

こうして〝特別な才能〟を他の面でカバーすることで、徳川家康は天下を手に入れたのである。

徳川家康の処世術

独創的であることが常に正しいとは限らない。自分に足りないと思えば、他人の秀でた点や優れた意見を取り入れる。そうして集めた知恵や工夫は、必ず自分を助ける武器となる。

【徳川家康の処世術②】

我慢と謙虚を重ねればいつかは勝機が巡ってくる

徳川家康（1542～1616）三河国（愛知県東部）出身の武将。小大名の家に生まれ幼少期は人質生活を送ったが、独立後、領地を拡大。戦国の世を終結させて江戸幕府を開き、泰平の世を創りだした。

天下人の人生は恥と我慢の連続

「命長ければ恥多し」

ということわざがある。長生きすれば誰でも多くの恥をかくものである。

しかし、徳川家康は長生きすることでチャンスをつかみ、戦国時代の最終勝者となった。数多《あまた》の合戦を生き抜き、政敵の挑発や謀略にも惑わされなかった家康。そんな様々な経験を積んだ家康の処世術は、現代社会を生きる我々にも多くの点で参考になる。

確かに長生きをすることは多くの〝恥〟も経験することになるかもしれないが、家康はそれを〝我慢〟し続けた。実はこのたくさんの〝我慢〟が家康を天下人にさせたのだ。

家康は、戦国時代としては異例ともいえる75年の生涯を生き抜いた。平均寿命がおよそ38歳だった当時としては、かなりの長寿である。それも偶然ではない。どうやら健康にはかなり注意してその生涯を送っていたようだ。

日頃から薬に興味を持っていた家康の知識は、医者を凌駕するものであったという。さらに、日々の食事は偏食もない。また、豪華な料理を好まず、節食節酒を心がけていた。それだけではなく、鷹狩りや水泳※①は亡くなる直前まで積極的に続けたという。作家の司馬遼太郎は、家康が日本で初めて病気の予防という観点を持っていたとして評価している。

そんな家康は長生きをした分、その生涯の中でたくさんの〝我慢〟にひたすら耐えた。〝我慢〟の土壌は、幼い頃に人質※②として織田家と今川家で暮らしたことが大きいとされている。その人質生活の中で、プライドを傷つけられたことも多かったようだ。弱小勢力であったがゆえの宿命であったが、この経験が家康の性格を決定付けたと言われている。

信長、秀吉のもとでも我慢

桶狭間の戦いで今川義元《いまがわよしもと》が織田信長に討たれ、今川家が衰退すると、家康も晴れて独立す

※①鷹狩りや水泳
他にも家康は奥平公重が創始したという奥山流の剣法を会得。さらに、大坪流の馬術の達人であった。

※②人質
徳川家康が6歳のとき、父・松平広忠に今川義元へ人質として送られたが、その道中で織田信秀に強奪される。結局、8歳まで織田家で人質生活を送った。その後、信秀

る。しかし、家康の我慢は続く。家を存続させるために、信長と同盟を結ぶ必要があった。同盟といっても、現実的には信長に従属しなければいけない立場であった。

そんな中、家康は正妻である築山殿※③と嫡子である松平信康《まつだいらのぶやす》を殺さなければいけない事態が起こった。信長が、築山殿と信康が敵である武田勝頼と内通していると疑い、信康に切腹を命じたのだ。当然、家康の家臣団は激怒。織田家との同盟を破棄して縁を切ろうという意見が大勢であった。

そもそも、家康配下の武将たちは、織田家の戦争に駆り出され、毎回もっとも危ない戦闘行為を強制されていた。これは、信長配下の尾張兵よりも家康配下の三河兵の方が強かったという現実的な要因が大きかったが、家康配下の武将たちからすれば本来自分たちと関係ない戦争で危険な役割を担うことは、非常に不満であっただろう。

しかし、ここでも家康は我慢する。

妻と子を殺すことを選んだのである。

信康の側近は自分の首を代わりに信長へ送ってくれと懇願したが、「そんな小細工では意味がない」と、これも認めなかった。結局、家康は信康を二俣城《ふたまたじょう》で切腹させ、築山殿も佐鳴湖の畔で殺害させた。

自身の親族に疑いだけで切腹を命じてきた信長に、家康であろうとも怒りに震えたことだ

と義元の間で人質の交換が行われることとなり、家康は義元に渡された。その後、義元の治める駿河で元服、結婚。義元が桶狭間の戦いで討死したことをきっかけに独立した。このとき家康は18歳。人質生活は12年間にも及んだ。

※③築山殿
[つきやまどの]
(1542〜1579)
徳川家康の正室。母は今川義元の妹。家康が今川家に人質となっていたときに義元の養女となり結婚。江戸時代の書物では、「傲慢で嫉妬深い女性」と書かれることが多かった。

ろう。しかし、ここで家臣団の願いどおり信長に刃向って直接対決となってしまっては、結局は一族が滅亡するかもしれない。

　このとき、家康ができることは我慢しかなかった。

　豊臣秀吉の天下となってからも家康の我慢は続く。

　ある日、全国の大名も舞台にあがって参加する能の会が開かれた。特に織田信雄は「龍田」※④の名人でもあり、観覧者からも称賛の声が挙がった。

　このときに家康は源《みなもとの》義経《よしつね》を演じている。しかし、すでに家康は60歳を越えた老人であり、しかも太っている。どこを見ても義経らしいところがなく、観覧者の中には笑い出してバカにする者もいた。斬りあうシーンでは特にその姿が滑稽であったため、笑い声は最高潮に達した。

　家康自身もこんなことはしたくなかったであろう。

　当時、家康は関東圏を治める大勢力を有しており、秀吉に次ぐ実力者である。そんな家康をあえて舞台に立たせるなど、彼のプライドを傷つけるためにしたようなものである。しかし、ここで舞台に立つことを拒否すれば、天下人である秀吉の心象を悪くしてしまう。それならば、どんなに恥をかこうとも、家康は舞台に立つしかなかった。招いた側の秀吉もそれはよくわかっていて、あえて家康に強要したのだろう。

※④龍田
能の曲目の1つ。秋も終わりに近づいたある日の夜、旅の僧が龍田神社へ向かうため龍田川を渡ろうとした。すると、見知らぬ巫女から呼び止められ、渡河を止めてほしいと言われる。川底には紅葉が敷き詰められ水面は薄氷に覆われている。たとえ氷が張っていても川を渡れば錦のように敷き詰められた美しい紅葉を足蹴にすることになる。そう言って巫女は僧侶を説得し、別の経路で龍田神社へと案内した。するとそこには、冬が近いというのに咲き燃ゆる巨大な紅葉樹、龍田神社の神木が僧侶の目に映った。そんな情景に心を動かす僧侶を案内し終えると、巫女がおもむろに口を開いた。実は自分の正体は、この神社の祭神の龍田姫

ここでも家康は我慢した。

そんな笑われている家康を見て、加藤清正や黒田長政らは、

「兵《つわもの》だ。恐ろしいことだ」

と舌を巻いたという。

清正らからすれば、プライドを捨ててでも、我慢して恥をかける家康を人物として尊敬するとともに、底知れぬ心情に恐ろしさをも感じていたのだろう。２人が秀吉死後に家康に接近したのも、こうした出来事が関係しているのかもしれない。

〝我慢〟と〝謙虚〟

徳川家康という人物の人生を見ていくと、ここまで述べてきたように、〝我慢〟と〝謙虚〟の連続であったことがよくわかる。

そう、〝我慢〟と〝謙虚〟こそが家康の処世術であり、それを身に付けていたからこそ、家康は天下を獲ることができたのである。

だが、〝我慢〟と〝謙虚〟が大事だなんてことは誰でも知っている。今でも、小学校に入る前から当たり前のように教わっていることであり、特に目新しい考え方ではない。


である。そう告げると巫女は光に包まれ神社の内へと姿を消した。ここから場面が冬の月夜に変わる。紅葉を賛嘆する龍田明神が神楽を舞って国の安泰を祝福。そして、紅葉が散りゆく中、龍田明神は天へと昇っていった、という内容。

家康がすごいのは、その当たり前のことをずっと実行し続けたことである。我慢と謙虚が大事だとわかっていても、実行し続けることは簡単ではない。人間であれば、頭にくることがあれば〝我慢〟できなくなることもあり、自身が成功すれば〝謙虚〟でなくなることもある。そんな簡単なようで難しいことを、家康は生涯やり通した。

天下人・徳川家康の人生は、

「大事なことは意外に小さい頃から言われ続けるようなことだ」

ということを、現代に伝えているのである。

徳川家康の処世術

目標が大きくなればなるほど、耐える局面は増えてくる。一時の感情に流されず、好機が巡ってくるのを辛抱強く待ち続ける。そうすれば、目標実現への道が次第に開けていくはずだ。

第二章　リーダーの処世術

【武田信玄の処世術】

部下の言葉に耳を傾け長所を見つけて活用せよ

武田信玄（1521～1573）
甲斐国（山梨県）守護大名である武田氏の嫡流。1541年に父を廃して家を継ぎ、信濃国、北関東、東海道に進出。戦国時代随一の実力を誇ったが、上洛途中で病死した。

家臣と座談を楽しむ信玄の意図

組織のトップとなったとき、部下のすべてが優秀であればこれほど楽なことはないが、現実的にそんなことはありえない。そんな中で組織のトップの大事な仕事は、まず、人材の特性をしっかりと理解すること。さらに、それらの人材を適材適所に配置することだ。

戦国時代、バラエティに富んだ人材を使いこなすことを得意としていたのが、甲斐《かい》の虎の異名で知られる武田信玄である。

武田信玄は甲斐国（現在の山梨県）の戦国大名。上杉謙信との川中島※①での激闘が有名だ。

※①川中島での激闘
武田信玄と上杉謙信で戦われた川中島の戦いは5度に及んだ。特に第4回目がもっとも有名であり、この時の激闘で信玄は、弟の信繁や山本勘助など名だたる武将を失っている。

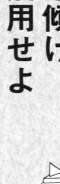

甲斐国内のみならず、今川家、北条家などが治める周辺国へも進出し、孫子の兵法[※②]を駆使して領地を拡大した。最後は京を目指したが運悪く途中で病死。合戦だけでなく、治水や金山掘削など内政にも力を入れた大名であった。

そんな武田信玄の人材活用術の優れている点は、有能な人物だけでなく、一見まったく使い道のないような人間をも使いこなしているところだ。

信玄の家臣に岩間大蔵左衛門という武将がいた。

彼は武士のくせに戦争が大嫌いであった。無理やり馬に乗せて戦場に連れ出そうとしても、馬の首につかまって断固拒否。周囲の同僚たちも呆れ果て、

「あの臆病者は使い道がない」

と信玄にクビにするようすすめた。乱世を生きる武将の本分は間違いなく戦《いくさ》のはず。その戦が嫌いならば、常識的に考えれば武士を辞めさせた方が本人のためだと言えるだろう。

しかし、信玄はクビにしなかった。

信玄は、岩間を留守番役に抜擢したのだ。クビを覚悟していた本人は、これに恩を感じ、留守番役を務めながら徹底した清掃を心がけ、さらに家臣たちの内緒話を克明に信玄に報告。彼のしっかりとした管理のもと、留守中に不平不満を言う者はいなくなったという。信玄も岩間のこの活躍を大きく評価した。

※②孫子の兵法
［そんしのへいほう］
『孫子』は中国春秋時代の兵法書。思想家・孫武（そんぶ）によって記された。戦略・戦術を総合的に説いている。信玄は軍旗に『孫子』の句にある「風林火山」の4字を記した。それぞれ「はやきこと風のごとし」「しずかなること林のごとし」「侵略すること火のごとし」「動かざること山のごとし」を意味する。

渋柿は渋柿として味がある

岩間大蔵左衛門以外にも、信玄のもとには、武将とは思えないような臆病者が多数いた。彼らは主に隠密※③や使者として使われている。

勇猛果敢な武将であれば、戦場での活躍を一番に考え、隠密や使者などの地味な仕事はやりたがらない。しかし、この臆病者たちは、逆に戦場から離れることでのびのびと仕事ができた。また、このような仕事でしか活躍の場がないことも理解していたので、忠実に職務を全うした。

武田家滅亡後、配下の多くは徳川家康に従っている。そんな家康は、他家では使えそうもない多くの臆病者が、武田家では高い地位についていたことに驚いた。ただ、事情を聞くと信玄の人材活用術に感心し、そのままの仕事を続けることを条件に、武田家と同じ待遇で彼らを召抱えることにしている。

信玄の業績を記した軍記『甲陽軍鑑』※④には、

「渋柿をきりて、木練（甘柿）をつぐは小身なる者のことわざなり」

という信玄の言葉が紹介されている。

※③隠密
武田信玄は情報戦を得意としていた。その中核を担ったのが真田家と言われている。真田信繁（幸村）も、大坂の陣では、情報戦を担当していた。

※④甲陽軍鑑
［こうようぐんかん］
武田信玄・勝頼期の合戦記事を中心に、軍法、刑法などを記している軍学書。著者は高坂昌信とされている。江戸時代に出版されて広く読まれた。

これは、渋柿は渋柿として味があるのだから、無理に甘柿を継ぎ木する必要はないという意味だ。部下を無理に理想（甘柿）通りの人材に育て上げるのではなく、その人物の長所（渋柿）を生かして、適材適所に配置するのがトップの仕事であると語っているのだ。

ノミニケーションを大切にした信玄

武田信玄といえば、父親・信虎※⑤を追放し、長男・義信※⑥を死に追い詰めるなど、親族といえども容赦がないというイメージも持たれている。ただ、実は家臣との座談を非常に好んでいた。座談となれば、酒もでてくる。信玄の人材掌握術の基本は、ノミニケーションであった。信玄は家臣たちの言葉によく耳を傾けていたという。家臣と一定の距離をとっていた織田信長とは対照的な方法で、信玄は家臣たちに接していたようだ。

しかし、これはただの親睦を目的とした飲み会ではない。

信玄は細かい仕草でその人物の適正や力量を見抜くのがうまく、酒の場も人間観察が目的であった。ある意味で、信玄の前で部下はどんなときでも気を抜くことができなかったということにもなるかもしれない。

ちなみに、信玄の人間観察は武田家の実権を握る前から行われていたようだ。

※⑤信虎［のぶとら］（?～1574）
甲斐国を統一するなど戦国大名として地位を築くも、素行の悪さから、子の信玄に甲斐から追放され駿河の今川義元を頼る。その後は京や高野山を遊歴する生活を送るも、最後は三男・信康を頼り高遠城に身を寄せ、その地で亡くなった。

※⑥義信［よしのぶ］（1538～1567）
信玄の嫡男として生まれるも、1565年に信玄暗殺を企てた謀反にかかわったとされ廃嫡。甲府の東光寺に幽閉され自害した。

父・信虎は弟の信繁※⑦を可愛がり、信玄には冷たかった。それを分かっていた信玄は、故意に馬から落ち、川で溺れて見せた。さらに刃物を持つと震えてみせ、わざと自らを過小にアピールする。下手に自分の実力をひけらかせば、父から命を狙われると判断したのだろう。

そんな信玄を見て家臣たちは、

「やはり、跡継ぎは信繁様だ」

と囁きあったが、荻原昌勝《おぎわらまさかつ》と板垣信方《いたがきのぶかた》の2人は、

「あれは演技、わざとやっている」

と見抜く。

この2人の武将は信玄が家督を相続してから、重宝された。「自分の演技を見破るほどの人物であれば、部下として使い道がある」と信玄は判断したようだ。

武田信玄の処世術

仕事ができない部下は、その仕事が向いていないだけかもしれない。働きぶりを観察し言葉に耳を傾ければ、秘めた才能が見つかることもある。部下の才能を見抜き適した仕事を与えるのはリーダーの重要な仕事である。

※⑦信繁
（1525〜1561）

武田信玄の弟。信玄の信濃侵攻などで活躍するも、第4次川中島の戦いで討死する。家臣団から「真の副将」と評されていた信繁の死に信玄は遺体を抱いて号泣。さらに敵将の上杉謙信もその死を惜しんだという。

【尼子経久の処世術】
すべてを与える寛大さが結束を深めて信頼をもたらす

尼子経久（1458〜1541）
出雲国（島根県東部）出身の武将。守護大名京極氏を支える守護代の家に生まれたが、下克上によって領地を拡大。讃岐・因幡・伯耆に勢力を伸ばし毛利元就と対抗した。

家臣も驚く経久の大盤振る舞い

「上司にするなら、どんな人がいい？」

そんな質問をすれば、一般的には、

「人間的に尊敬できる人」

「自分を評価してくれる人」

との言葉が返ってくるだろう。

ただ、それは表向きな理由で本音は、

「どんなタイプでもいいけど、とりあえず、給料を弾んでくれる人」

と思う方も少なくないのではないか。

いくら「自分を評価してくれる人」であったとしても、

「君の仕事はすばらしいが、給料はアップさせないよ」

なんて宣言されてしまえば、興ざめだ。


仕事は無償のボランティアではないため、やはり、どうせ働くなら「少しでも給料のいい会社」に行きたいと考えるのは当たり前だ。ケチな人間についていこうと思う部下は多くはないだろう。

戦国時代に部下に対して大盤振る舞いをした例を見れば、まず有名なのが石田三成である。※①島左近を配下へ迎える際に三成は2万石という破格の待遇を条件に出したという。当時、三成は4万石の所領しか持っていないため、その半分を左近の報酬としたことになる。

今で考えれば、会社の売り上げの半分を給料として認めるようなものである。当初は三成にあまり興味がなかった左近もこの待遇に驚き、三成の配下になることを承諾した。


「あなたの才能はすばらしい」

と言葉ではいくらでも伝えることはできる。しかし、口で褒めることは誰でもできることである。左近もこれまで多くの人間から言われてきただろう。しかし、その言葉を破格の報

※①島左近
［しま さこん］
（1540～1600）
筒井氏に仕えるも、のちに蒲生氏郷、最後は石田三成の側近となり、「治部少（石田三成）に過ぎたるものが二つあり 島の左近と佐和山の城」と呼ばれた。関ヶ原の戦いで、黒田長政軍及び田中吉政軍に突撃して討死している。

酬で示されたことで、左近は三成の言葉を信用した。

ただ、上には上がいる。

戦国時代、もっとも家臣へ気前がよかった人物は出雲国※②の戦国大名・尼子経久《あまこつねひさ》である。

松の木も家臣が欲しがればプレゼント

尼子経久の部下への気前のよさは、きわめてわかりやすい。

経久の屋敷を訪れた配下たちが装飾品を、

「これは素晴らしいですね」

と褒めればすぐに、

「よし、お前に与えよう」

となる。

つまり、家臣が〝いいと言ったもの〟を何でもプレゼントする。それが経久のやり方だった。家臣からすればおねだりしたつもりなどなく、主君へのお世辞程度に言ったのだろう。それなのに、どんな高価な品物でも経久は簡単に配下へ与えてしまう。自分が身につけていた着物でさえも、配下が興味を持ってしまえばその場で与えてしまったため、経久は真冬に

※②出雲国
［いずものくに］
現在の島根県。戦国時代には、月山富田城を中心とし製鉄を支配した尼子氏の領土となる。

薄綿の小袖1枚になってしまったこともあったという。

そうなると、逆に配下は気を使うようになってしまい、あまり経久の持ち物を褒めなくなってしまった。そんな中、屋敷に植えられている松の木であれば、褒めても大丈夫だろうと考えた家臣がそれを褒めると、

「そうかそうか、それならば抜いて持っていけ」

と、松の木を自ら抜こうとした。

さすがに他の配下から止められるも、納得できなかった経久は後日、その松の木を切り薪《まき》にして配下へ贈った。

部下が気を使うほど気前の良い人物。理屈抜きで、これこそ最高の上司と言えるのではないか。

ちなみに、領民への気配りも熱心であった経久は柴を刈る職人や海女にも目をかけ、雑兵であろうと亡くなったときは遺族にしっかりと対応したという。そんな経久に対し「命を賭けて従おう」と意気込む家臣は多かったようだ。

家臣が感じた尼子家への恩

※③守護代
幕府の役職。各国の行政長官である守護の補佐を務めた。戦国時代には弱体化した守護を倒してその国の支配権を手にする者もいた。経久もそうして下克上を果たした守護代の1人である。

1458（長禄2）年に出雲国の守護代※③の家に生まれた尼子経久だが、若い頃には一度、城を追い出され浪人生活を経験。そこから再び権謀術数を武器に成り上がった。そのため、戦国時代では美濃の斎藤道三《さいとうどうさん》などと並び、下剋上※④を体現した人物の1人と言われている。

浪人から成り上がったため、もともとの配下はいなかった経久であったが、領土を増やしていけば多くの優秀な家臣が必要になる。後ろ盾のない領主が部下を集めるのは難しいものだが、経久の気前の良さの噂は他国まで話題となり、多くの人物が経久の家臣に志願。人を集めるということで、経久はあまり苦労しなかった。

また、経久は人物を見て〝物〟だけでなく、〝格〟を与えることもあった。

戦場で活躍する猛将タイプには〝物〟を気前よく与えて人心を掌握する。一方で、内政に力を発揮するタイプには〝格〟を与えることが発奮材料になると考えた。そうした政略担当の部下には気前よく地位を与えている。軍記物で「天性無欲正直の人」と評される経久らしい処世術である。ただの気前の良さではなく、そこには処世術としての確かな計算があったのである。

尼子家は人心掌握術で部下の心をつかんだ経久が亡くなった後、1566年に毛利家に倒され滅亡する。ただ、その後、山中鹿介※⑤を中心とする元配下たちが、織田信長の援助を受けて尼子家を再興しようとする動きがあった。残念ながら尼子家が復興することはなかった

※④下克上を体現
室町幕府の有力勢力・京極家を補佐する尼子家に生まれた経久。在地領主層を味方につけると、京極家の領地を奪い、周辺国にも派兵して勢力を拡大した。江戸時代には、経久を謀将として描いた軍記物が人気を博した。

※⑤山中鹿介
［やまなか しかのすけ］
（1545～1578）
尼子家の家老の家に生まれたが、21歳の時に尼子家は滅亡。その後3回、尼子家復興のために行動を起こすも、毛利家に倒され、護送される途中に謀殺された。尼子家再興のために「願わくば、我に七難八苦を与えたまえ」と三日月に祈った逸話は有名である。

が、部下たちはあきらめず、お家のために命をかけて何度も行動を起こしたのである。

武士が主家に対して忠誠を誓うのは当たり前だと思われる方もいるかもしれない。だが、そうした上下の秩序や忠義を重んじる朱子学※⑥の思想が浸透したのは、江戸時代になってからである。戦国時代であれば、主家が滅亡すると他家へ移籍するのが当たり前であったし、先がないと判断された主君からは多くの部下が去っていった。

そんな中、尼子家には再興を願う一団があったのである。

部下に気前のいい経久の人心掌握術は、彼の死後、そして尼子家の滅亡後も強い影響力をもっていたのだ。

尼子経久の処世術

いくら志が立派でも、人間の器が小さければ誰もついてきてくれない。人を集めて動かしたいならば、それに見合った報酬を与える。大きな志を遂げるためには「出すものは出す」気前のよさも必要である。

※⑥朱子学［しゅしがく］12世紀の中国南宋の思想家・朱熹（しゅき）が大成した儒学の一派。君臣・父子の別をわきまえ、上下の秩序を重んじる学問。日本では、室町時代から京の禅僧によって学ばれていた。江戸時代に普及し、18世紀後半には幕府の正式学問に採用された。

【加藤清正の処世術】

信頼を態度で示せば部下は自然と伸びていく

加藤清正（1562～1611）
尾張国出身の武将。秀吉に仕え、数々の戦場で武功をあげた。関ヶ原の戦いでは家康に味方したが、豊臣家への恩を忘れず両者の調停に尽力。築城・治水の名手としても有名。

清正に騙された加藤家の重臣

組織のトップなら、他の組織を見て、

「あそこにはあんな優秀な人材がいるのに、自分のところには……」

と愚痴りたくなるときもあるのではないだろうか。なかなか育たない部下につい頭にきて、厳しく当たってしまうこともあるだろう。

部下の教育という、非情に難しい課題をうまくクリアした戦国武将が加藤清正である。

清正は部下を成長させるための操作術が非常に巧みであった。彼が配下に行った方法は

〝褒め殺し〟である。

1562（永禄5）年に尾張国中村で生まれた加藤清正だが、母と豊臣秀吉の母が従姉妹であった縁で秀吉のもとで育ち、成人すると秀吉に従うようになる。賤ヶ岳《しずがたけ》の戦いでは七本槍※①の1人として活躍。その後も小牧《こまき》・長久手《ながくて》の戦い、九州征伐、朝鮮出兵で武功を挙げ、褒美として肥後国を与えられている。名城として名高い熊本城の築城者としても有名である。

そんな清正の配下に、飯田覚兵衛※②という武将がいた。その武勇が他家にも知れ渡るほど評判を得ていた男である。覚兵衛は引退後に京で隠居生活を送っていたとき、意外にも、

「私はずっと加藤清正に騙されていた」

と周りの者に語っていたという。

覚兵衛が初めて戦場に出たとき、多くの仲間は鉄砲に当たって死んでいった。衝撃を受けた覚兵衛は、

「なんて残酷なことだろう。もう武士の勤めはしない」

と心に決めた。しかし、そんな覚兵衛に清正は、

「本日の働きは見事であった」

と褒めて刀を贈った。それではもう一度、頑張ってみようかと決意した覚兵衛だったが、次の戦場でも同じように後悔する。しかし清正は再び、

※①七本槍
賤ヶ岳の戦いで活躍した豊臣秀吉の子飼いの武将である、福島正則、加藤清正、加藤嘉明、脇坂安治、平野長泰、糟屋武則、片桐且元の7名。

※②飯田覚兵衛
（1562～1632）
若いころから加藤清正に仕え、加藤家三傑の1人とされている。朝鮮出兵では晋州城攻撃の際に一番乗りを果たした。また築城能力も高く、熊本城の180メートルにもおよぶ三の丸の百間石垣に功績があり、「飯田丸」としてその名が残っている。

「今回の働きも見事であった」

と今度は陣羽織を贈った。

このように、毎回多くの恩賞が与えられ、さらにそんな覚兵衛に他の配下たちは、羨望の眼差しを向けるようになる。武士を辞めるに辞められなくなってしまった覚兵衛は結局、加藤家が滅亡するまで仕えることになった。

覚兵衛は「清正に騙されていた」と語っているが、結果を見ると彼は褒められて伸びるタイプの人間であったようだ。そのことを清正はしっかりとわかって、褒め殺したのだろう。

猛将・清正も初陣は動揺していた

飯田覚兵衛への助言は、自らの実体験から生まれたのかもしれない。実は、豊臣秀吉配下の中でも猛将[※③]として名高い加藤清正ですら、初陣では動揺していた。清正の初陣がいつだったのかは、正確にはわかっていない。ただ、彼は後年、自らの初陣について、

「敵が現れたときに、緊張のため景色が闇夜のようになって何も見えなくなった」

と告白している。

このとき、清正は念仏を唱えながら無我夢中で戦場を駆け回ったという。戦乱の世に生き

※③猛将として名高い
江戸時代には軍神として清正を崇める清正公（せいしょうこう）信仰が領地熊本で広まった。その信仰はのちに全国にまで波及し、庶民によく知られるところとなった。

た武将であっても、人を殺すという行為を恐れていたことがわかる興味深いエピソードだ。ただ、この経験があったからこそ、戦場を恐れた飯田覚兵衛にも優しい言葉をかけることができたとも見ることができるだろう。

しかし、決して加藤清正が配下に甘かったわけではない。

清正は、「家中へ申し出される七ヶ条」※④を示し、家臣団を厳しく統制していた。この七ヶ条の中には、「武芸の稽古を怠らない」「学問に励むこと」というものから、「食事は玄米」「高価なものは買わない」など、武士として質素倹約を奨励するものもあった。

部下を伸ばす清正の処世術

清正は、新しい人材を採用するときも部下に配慮した。

ある日、清正のもとへ3人の人物が仕官をしたいと訪れた。1人は他家に仕えていた何の望みもない老人、もう1人は立身出世を望む中年、そして最後の1人は、いかにも役に立ちそうな若者であった。

清正はまず、立身出世をのぞむ中年を採用。家臣団への反面教師とするため望みを捨てた老人も採用したが、役に立ちそうな若者の採用は見送った。不思議に思い重臣たちが清正に

※④家中へ申し出される七ヶ条
他にも「朝は寅の刻（3～5時）に起きて稽古すること」「食事は玄米を用いること」など、細かいものもあった。この七ヶ条を守らなかった配下に対しては、「武士として失格である」として解雇するとしていた。

尋ねると、

「役に立ちそうだということでこの若者を採用すれば、当家の若者たちが〝優秀な若者を雇うということは、我々に力が足りなく将来を心配しているのか〟と感じるはずだ」

と説明した。

つまり、〝当家の若者は優秀で、あえて他の若者を雇わずとも将来は心配ない〟ということを示したのだ。これに若い配下たちは感激。いっそう忠誠を誓った。清正は新規採用の過程で、見事に家中を結束させることにも成功したのだ。このエピソードも、「自分はお前たちに大きく期待している」という〝褒め殺し〟の一種とも考えられる。

虎退治※⑤のエピソードを持つ清正に、武骨な猛将というイメージを持っている方も多いかもしれないが、実際には、組織を強固にするために繊細な気遣いができる主君であったようだ。

加藤清正の処世術

ただ思っているだけでは、気持ちはなかなか伝わらない。部下への信頼感は頭の中で思うだけでなく、言葉や態度で示す。そうすれば、部下はやる気を覚えて成長していく。

※⑤虎退治のエピソード
朝鮮出兵のとき、清正の陣の近くに虎が現れ、馬を連れ去られたり家臣を殺されたりといった事件が起きた。清正は自ら山狩りを行い、ついに1匹の虎と遭遇。鉄砲を持った家臣たちがこれを撃とうとする中、清正は槍で虎に立ち向かい、喉を突いて殺した。ただ、このエピソードは江戸時代の創作とされている。

【北条早雲の処世術】自分の意見をはっきり示しメリハリある行動を心がけよ

北条早雲（1432～1519）
小田原（神奈川県小田原市）を拠点にした武将。詳しい出自は不明。駿府に下向し、今川家の家督争いを調停して台頭。伊豆を領し、小田原城を奪って相模に君臨した。

早雲のあま～い政策

甘いだけではなめられる。かと言って、厳しいだけでは人はついてこない。組織のトップには甘さと厳しさの両面が必要だ。甘さと厳しさのバランスを保つことで、組織の運営はスムーズにすすむ。

この両面を持つことで、戦国時代に活躍したのが北条早雲《ほうじょうそううん》である。関東地方は北条氏が※①5代にわたって巨大勢力として君臨していた。その礎となった人物こそが北条早雲だ。

備中国《びっちゅうのくに》の伊《い》勢《せ》盛定《もりさだ》の次男として生まれた北条早雲は、浪人生活を経て相模国《さがみのくに》を平定。そ

※①5代にわたって……早雲、氏綱、氏康、氏政、氏直の5人。氏康・氏政の時代は、堅城として名高い小田原城を拠点

の後も北条家は拡大を続け、織田信長による軍事遠征などによって各国が混乱する中、関東だけは豊臣秀吉が小田原城を潰すまで5代にわたり北条家が影響を持ち続けた。

北条家の周囲には今川家、武田家、上杉家など有力な戦国大名がいた。しかし、北条家ほど勢いは長く続かなかった。

ではなぜ、北条家は混乱する戦国時代にあって関東地方の巨大勢力として君臨し続けることができたのか。その理由は、浪人から這い上がった創始者・早雲の存在が大きかった。下克上を体言した権謀家として紹介されることが多いが、実は、内政家としても非常に優れていたのだ。

例えば、早雲は戦国大名でもっとも早く検地[※②]を行っている。豊臣秀吉が行った太閤検地が有名だが、早雲はその約80年前に検地を実行していたのだ。浪人の身分から成り上がった早雲だが、非常に先見の明があったことは確かである。

さらに、領民には思いやりのある政策を行っている。

当時、年貢はよくても五公五民が当たり前であった。これは、取れ高の半分は年貢として領主に治めるということである。しかし、早雲の領国では四公六民の税制が施行されていた。のちの北条家も、この税制を保ち続けている。

と言うのも、早雲が治めた伊豆、相模の領民は、1498年に起こった東海沖大地震[※③]の影

に、甲斐の武田信玄、越後の上杉謙信の侵略を防いだ。

※②検地
相模平定に乗り出した後、1506年までには、相模西部と伊豆で検地を行ったとされている。

※③東海沖に大地震
1498年に東海沖で大地震が起きた。この地震で鎌倉の大仏殿が崩壊。浜名湖は地盤沈下で海とつながった。

響で非常に苦しい生活を送っていた。その状況に早雲は配慮したのだ。

また、伊豆で伝染病が流行したときは、京の都から薬を取りよせるばかりでなく、看護人や食料も手配するなど、戦国時代でトップクラスの領民思いの政策を行っている。

領民から見れば、戦国時代に北条家領内が、とても過ごしやすい土地であったことは間違いない。それが、北条家を5代にわたって繁栄させた要因として大きい。

敵には厳しい

北条早雲の領国運営を見れば、彼を大変優しい人物だと感じる方も多いだろう。しかし、これらは早雲の一面でしかない。早雲は、逆らう敵には容赦しない非情な面も持っていた。

例えば、伊豆へ侵攻するとき早雲は、

「味方になれば本領を安堵する。しかし、逆らえば作物も家も焼き払う」

と触れ回った。

それを聞き、多くの者が早雲に従うことを決めるが、深根城の関戸播磨守吉信※④だけは徹底抗戦。しかし、結局は抵抗もむなしく関戸は早雲に敗れた。

ここで早雲はとてつもなく厳しい対応を見せる。まず、敗れた関戸一族は女、子ども、僧

※④関戸播磨守吉信［せきどはりまのかみよしのぶ］
深根城の2代目城主。父の宗尚は、山ノ内上杉憲実が1419年の8月に関東管領に就任すると、奥伊豆の鎮護のため派遣された。

侶にいたるまで打ち首。さらに関係者も皆殺しにされ[※⑤]、その数は1000名以上となった。その上、殺すだけではあきたらず、首を見せしめとして城の周囲に並べている。

敵対しているとはいえ、こうした徹底的な仕打ちは、とても伝染病に苦しむ領民のために薬を取り寄せた人物の行動とは思えない。

味方は徹底的に守り、敵は徹底的に潰すという厳しい対応。このメリハリある姿勢こそが、早雲のリーダーとしての人心掌握術であったのだ。早雲のような人物は非常にわかりやすく、付き合いやすい。無駄な抵抗などせずに仲良くなれば、決して悪いようにはされないのだから。

メリハリある金策

メリハリある行動の一例として、早雲の金策にも注目したい。

早雲は非常に倹約家であり、金の遣い方には慎重であった。また、金だけでなく、

「水はたくさんあっても、むやみに使ってはいけない」

「刀や着物は見苦しくない程度で十分」

など、生活すべてに質素倹約を重視していた。その教えは、子の北条氏綱にも引き継がれ、

※⑤関係者も皆殺し……静岡県賀茂郡河津町には、関戸吉信の墓と伝えられる供養塔がたてられている。吉信は長男とともにこの地に逃れ自刃。不憫に思った里人によって埋葬されたという。

「早雲の成功には天の思し召しもあったが、なによりも質素な生活を心がけていたからだ」と、亡くなる直前に子の氏康に教授している。

そんな早雲を連歌師の柴屋軒宗長は、〝針ほどの細かいものにまで蔵に蓄える倹約家〟と語っている。だが、早雲は倹約家ではあってもケチではなかった。合戦のときなどは、惜しみなく金銀を使うとも柴屋軒宗長は語っている。そもそも、日々、倹約を心がけ金銀を貯めているのも、いざという時にガッツリと使うためだ。金策においても、早雲はメリハリある政策を実行していた。

現代社会でも、メリハリがある人物は評価されやすい。意見や行動がはっきりしていて頼りになるからだ。プライベートでも仕事でも、そうした人物は重宝されるだろう。北条早雲のメリハリある姿勢からは学べることは多いのである。

※⑥柴屋軒宗長［さいおくけん そうちょう］（1448～1532）連歌師。駿河の今川義忠に仕えたが、義忠が戦死すると駿河を去り上洛。その後は連歌師として活躍した。代表作として句集「那智篭」、日記「宗長手記」、「宗長日記」などがある。「急がば回れ」を唱えた人と言われている。

北条早雲の処世術

いつも優しいというだけでは、部下は結局ついてこない。厳しい態度を見せるべき局面では、しっかりと自分の意思を示す。そうしてメリハリを持たせることが、部下との信頼関係を強固にするのだ。

【蒲生氏郷の処世術】
人を動かしたいならば自分の行動で手本を示せ

蒲生氏郷（1556～1595）近江国（滋賀県）出身の武将。織田信長、豊臣秀吉に仕えた。信長配下の猛将たちの中でもトップクラスの戦功を残した戦武者。キリシタン大名でもある。洗礼名はレオン。

信長も愛した一騎駆けの大将

部下から見れば、口先だけの上司ほど腹立たしいものはない。

口では偉そうなことを言うくせに、結局、自分はまったく骨を折らない。こんな上司を信頼し、ついていこうとは誰も思わないだろう。これは戦国時代でも同じであった。

そんな嫌われる上司とは反対に戦いの最中、常に部下よりも前を走った蒲生氏郷《がもううじさと》は、とにかく部下から人気があった。

※①藤原秀郷の流れをくむ近江国の名家に生まれた蒲生氏郷は、幼くして織田信長のもとへ人

※①藤原秀郷
［ふじわらの ひでさと］生没年不詳。平将門追討の功により従四位下となる。下野・武蔵二ヶ国の国司と鎮守府将軍となる。近江国瀬田の唐橋に横たわる大蛇を成敗したという逸話がある。

質として預けられた。活発な少年であった氏郷は信長からも愛され、「只者ではない」との評価を得ている。そして、信長の次女・冬姫と結婚し、娘婿になった。信長死後は豊臣秀吉に従い、会津120万石[※②]を与えられるも、病気のため40歳の若さで亡くなった。

そんな蒲生氏郷は初陣以来、常に先頭をきって、戦場を駆け回った。

信長配下の時代には、柴田勝家の属将になることを希望している。織田家では勝家が先陣を担当することが多く、その勝家のもとで先頭を走れば、織田家の先頭を担当することになるからだ。

そんな氏郷に対して信長は、

「先駆けをして敵将の首を奪うのは兵卒の役目。大将の仕事ではない」

と苦言を呈したこともあった。

大将の仕事は戦場全体を見回し、兵を効率的に配置することにある。戦況を見て、弱い部署には強固な部署から兵を派遣させ、戦いを続けることが不利と思えば、他軍から援軍を要請したり、さらには退却するタイミングを見計らうことなどがその役目である。そうした戦術を踏まえると、確かに信長の言うように、氏郷自身が戦闘行為をすることは職務の範疇を超えている。

しかし、信長に対して氏郷は、

※②会津120万石　会津への移封が発表された夜、蒲生氏郷は涙を流したという。出世してのものは思ったが、その理由は、「奥羽のような田舎にあっては本望を遂げることなどできぬ。小身であっても、都に近ければこそ天下をうかがうことができるのだ」というものであった。

「大将がいくら家臣に対して掛かれと命じても、そう動くものではありませぬ。掛かる場所へ大将自らが行き、〝ここまで来い〟と言えば、そんな大将を見捨てる者はいないはずです」と反論した。人間ならば、自ら命を掛けた組織のトップを放置して、見捨てるようなことはしないはず。氏郷はそのように考え行動することで、部下の心をつかんでいったのである。

戦国時代初の恩賞討論会

蒲生氏郷は、部下への恩賞※③の与え方もユニークであった。

豊臣秀吉が天下を統一すると、氏郷は会津120万石を与えられた。さっそく恩賞として、配下の武将に知行地を分配した。

まず、家臣らから、これまで仕えてきた中で、自分はどれだけの恩賞が妥当かのアンケートをとり、自己申告させた。家臣たちは好き勝手に自らの功績を主張。そうすると、120万石の領土を与えられた氏郷でも、すべて願い通りにすることはできない。家臣たちの望みを叶えるためには、2倍の領地が必要になってしまった。

そこで氏郷は、

「これは困った。それでは、それぞれの恩賞が妥当かどうかを、みんなで議論せよ」

※③恩賞
戦国時代では、活躍した配下に対して、その土地一帯を支配する権利である「知行」が与えられた。与えられた知行地から得た税金や年貢は、そのままその武将の収入となった。

と命じた。

すると、家臣団の議論の中で、恩賞を過大に請求している者や、ありもしない手柄を申告した者が発覚。結局、120万石内で恩賞は収まったため、氏郷はこの会議の結果通りに恩賞を与えた。

討論会によって恩賞を決めたのは、戦国時代では氏郷だけではないだろうか。現代でも、ここまで思い切った方法で給料を決める企業は聞かない。

また氏郷は、必要以上に恩賞を請求した者に対して、罪として咎めることはなかった。その理由について、

「嘘はいけないが、そもそもお前たちの努力は高く評価している」

と述べている。

これには家臣団も感激した。

ただ、それでも、恩賞分配後に残った氏郷の直轄地は120万石の大大名としては非常に少ないものであった。そのため、予算が足りなくなることも少なくなかった。そんな氏郷に対して、家臣らは逆に食糧などを献上するようになったという。

社長が給料を払いすぎて生活費に困り、社員が社長に昼飯をご馳走する会社は、まずないだろう。ただ、そこまで評価してもらえた社員は、きっと会社のために一生懸命働くはずだ。

※④恩賞分配後に残った氏郷の直轄地
家老に止められたものの、氏郷はできるだけ自分の領地を切り詰めて家臣に分配しようとした。その結果、氏郷に残った直轄地は9万石ほどだっ

部下の査定に必要な2つのポイント

蒲生氏郷の恩賞の査定には2つのポイントがある。

1つは、家臣らから自己申告させたことである。

その結果に対して一切、氏郷は文句を言っていない。これは家臣たちから見れば、

「殿様は自分たちが、請求した恩賞くらいの活躍はしていたと認めてくれた」

と思ったはずだ。しかし、現実的にそれでは領土経営が成り立たないため、家臣たちは相談して恩賞の取り分を決めることに合意する。

さらにもう1つのポイントは、家臣団による討論という方法だ。

氏郷が自ら恩賞を決めてしまえば、必ず、

「あいつよりも自分の方が活躍したはずだ。殿はひいきしている」

と不満を持つはずだ。すべて平等で、誰でも納得できる査定を行うことは、現実的には不可能である。しかし家臣団で話し合った結果であれば、完全に納得できなくとも我慢はできるものだ。

蒲生氏郷は恩賞に対して、

たらしい。それを聞いた前田利家は仰天し、家臣のために身を削りすぎだと氏郷を注意したという。

「知行※⑤ばかりで情けがなければ、万全とは申しがたい。情ばかりで知行がなくても、むなしきことだ。知行と情は車の両輪である」

との言葉を残している。

そんな氏郷の思いをわかりやすく伝えるためには、自己申告からの討論会という方法がもっとも効果的であったのだろう。

部下の意見にきちんと耳を傾け、皆が納得できる方法を提示しようと骨を折った蒲生氏郷。他人事で済ますのではなく、何事にも親身になって接したからこそ、家臣団をまとめることができたのである。

蒲生氏郷の処世術

物事はただ思っているだけでは理解してもらえない。部下に何を求めるのか、どのような組織をつくりたいのか。まずリーダー自身が最初に行動し、手本を示していくことが重要だ。

※⑤知行
褒美として与えられる土地のこと。土地の代わりに金品や武具、茶器、感状などが褒美として与えられることもあった。

【直江兼続の処世術】
いかに失敗を挽回するかでリーダーの価値は決まる

直江兼続（1560～1619）越後国（新潟県）上杉家の重臣。宰相として内政・外交両面で活躍した。豊臣政権内での上杉家の地位を向上させたが、秀吉死後、家康と対立。家康を糾弾した直江状が有名。

大失敗だった直江状

二輪車販売数世界首位を走る本田技研。

その創業者※①本田宗一郎は、こんな言葉を残している。

「私のやった仕事で本当に成功したのは、全体のわずか1％にすぎない。99％は失敗の連続であった」

そう、彼ほどの経営者でも、多くの失敗を経験しているのだ。失敗は決して恥ずかしいことではないことを、この言葉は伝えている。

※①本田宗一郎［ほんだ そういちろう］（1906～1991）20代で自動車修理業を成功させた後、メーカーを目指してエンジンの研究を始める。戦中・戦後の物不足の中で試行錯誤を繰り返し、スーパーカブ号などヒット商品を生み出して世界のトップ・メーカーを創り上げた。

ただ、〝誰でも失敗するんだから気にしなくていいや〟では意味がない。失敗した後、どう挽回するかでその人物の力量がわかるのである。

組織運営で失敗した場合、挽回法としてよくあるのが、〝責任をとって辞めます〟というやり方だ。潔いとされる傾向もあるが、それはある意味で逃げているだけとも言える。

では、翻って戦国時代にはどのような責任の取り方があったのだろうか。自らの失敗から組織を窮地に立たせたものの、逃げずに責任を全うした戦国武将に直江《なおえ》兼続《かねつぐ》がいる。

上杉景勝※②の腹心として活躍した直江兼続。彼を有名にしたのが、関ヶ原の戦いの直前に徳川家康に提出した直江状※③だ。

「上杉家は豊臣家への謀反の疑いがある」との家康からの言いがかりに対して兼続は、

「豊臣家に対し、非礼なのは徳川家康である」

との内容の書状を提出した。

この直江状は家康を挑発し、東北の上杉勢と関西の石田三成勢で関東の徳川家を挟み討つという計画のもとに書かれたものである。すべては兼続の壮大な作戦のもとに考えられたというわけである。

ただ、直江状があまりに挑発的であったため上杉景勝は心配になった。しかし、このとき兼続はまったく引かない。

※②上杉景勝
［うえすぎ かげかつ］
（1555〜1623）
生母は上杉謙信の姉。謙信死後の相続争いで勝利したことで、上杉家の後継者となる。豊臣政権下では五大老の1人となる。江戸時代にはいると、出羽米沢藩初代藩主となった。

※③直江状
直江状は、直接、直江兼続が徳川家康に送ったわけではない。家康の命を受けて上杉家との交渉に当たっていた西笑承兌に送ったものである。現在、残されている直江状は、1654年に、京都の中村五郎右衛門が刊行したものである。

「先代の謙信公は、武士は常に〝義〟を重んじよと言っていました。徳川家康の行動は〝義〟に反しています」

と先代の英雄・上杉謙信を例に出して、主君を説得した。

計画通り、この直江状が引き金となって徳川家康と石田三成の関ヶ原の戦いが勃発する。ただ、結果はあっけなく、西軍が1日で敗北。天下は徳川家康のものとなった。

東北と関西で関東の徳川家康を挟み討つというこの作戦は、日本の歴史上でも類を見ない壮大な作戦であったが、現実的ではなくあくまで机上の空論であった。

作戦失敗の大きな要因は、兼続が作戦の共同考案者であり親友※④でもある石田三成の手腕を過大に評価していたことだろう。三成は西軍の軍勢を掌握することができていなかった。

さらに、徳川家康の実力も過小評価していた。関ヶ原直前の家康のロビー活動は、他の武将とは比べ物にならないほど、緻密なものであった。結局は、家康と兼続では、人物としての格が違い過ぎたとしか言いようがない。

兼続が見せた究極の方向転換

あっけなく関ヶ原で勝敗が決まってしまった後、直江兼続は、これまでとまったく逆の判

※④親友でもある石田三成
直江兼続と石田三成が最初に出会ったのは、1585年の秋に行われた、上杉景勝と豊臣秀吉間の同盟締結の事前交渉と言われている。この同盟は、実質的にこの二人の尽力によって締結された。これをきっかけにお互いの能力を認め合い、年齢も同じであったことで親しくなっていった。

断をする。

このとき、東北で東軍方の最上《もがみ》勢と戦っていた兼続は、関ヶ原で西軍が負けたと知るとすぐに撤退。そして、主君である上杉景勝とともに、徳川家康に謝罪した。

関ヶ原前の直江状では、徹底的に家康を糾弾していた兼続だが、状況が変われば、〝義〟などとノンキなことを言っている場合ではない。

当初は上杉家を取り潰し、景勝を僻地へ追放することも考えていた家康だが、結局はこの謝罪を受け入れ、上杉家には米沢30万石を与えた。120万石から4分の1になるという大幅な減封処分であったが、直江状が関ヶ原の戦いの遠因と考えれば、兼続は主犯ともいえる存在である。石田三成、小西行長※⑤が処刑され、長宗我部《ちょうそかべ》家、宇喜多《うきた》家が取り潰されたことを考えれば、処分されたうちには入らないだろう。家康からすれば、素直に謝罪した上杉家に重い罰を与えれば、もう一度、大きな合戦が起こりうるという危惧もあったはずだ。

その後、大坂の陣が始まると自ら徳川方として従軍。敵将・後藤又兵衛※⑥を負傷させるなど大活躍した。そこには、かつて、関ヶ原の戦いの前に、

「徳川家康は豊臣家に対して不義である」

と糾弾した姿は想像できない。

大坂の陣で徳川方が勝利し豊臣家が完全に消滅すると、兼続は徳川秀忠から感状と太刀一

※⑤小西行長
［こにし ゆきなが］
（1558〜1600）
堺の商人の子として生まれる。宇喜多直家に見出されて武士となり、朝鮮出兵では加藤清正と先陣を争った。関ヶ原の戦いで西軍方として参加するも敗れ斬首された。キリスト教信者としても有名である。

振り、小袖を与えられた。しっかりと、徳川家に対して功績を残したのだ。

この極端な方向転換は、処世術としては、超一流と言えるかもしれないが、兼続にも若干の引け目があったのだろう。関ヶ原の戦いについては、死ぬまで何も語らなかったという。

リストラは絶対にしない

とにもかくにも、直江兼続は上杉家を存続させることに成功した。しかし、問題は所領が4分の1に削減されてしまい、これまで通り、家臣団を養っていくことが難しくなったことである。

そんな中、まず兼続が掲げた目標は、〝リストラは絶対にしない〟ということであった。

そのため、家臣の給料は一律で3分の1にさせた。それでは食べていくことができない家臣も出てきたため、庭で農作物を開墾させることを奨励している。ここで作られた作物は自分たちの食用とするため、税が他の2分の1とされることとなった。さらに自身の禄高6万石のうち、5万石は同僚たちに与えた。

関ヶ原の戦いの後に、上杉家が窮地に陥ってしまったのは、直江兼続の大きな判断ミスがあったからである。これは否定できない事実だ。しかし、彼は自らの失敗を自らのアイデア

※⑥後藤又兵衛「ごとう　またべえ」（1560〜1615）黒田官兵衛に仕えるが、死後は出奔。大坂の陣では豊臣秀頼に仕えて数多くの軍功を挙げる。「大坂城五人衆」の1人とされている。

で乗り切ったのである。

関ヶ原の戦い後、直江兼続には、死んで責任をとるという選択肢もあったはずである。ただ、死んでしまえばそれで終わりである。兼続は恥をかいても生き抜くことで〝上杉家を支えていく〟という責任を果たした。

ビジネスにおいても、プロジェクトの失敗を担当したトップが「辞めて責任をとる」という方法を美徳とする考えもある。ただ、そもそも、そのプロジェクトを任されるほどの人材である。決して無能なはずはない。もし、無能であれば、その責任は任命したさらに上の人間にあるはずだ。

本当の責任の取り方は、兼続のように自らの手で失敗した後の処理も行おうとすることではないか。兼続の生き様は正しいトップのあり方を教えてくれているような気がする。

直江兼続の処世術

失敗したときリーダーが最初にとるべきは危機の回避である。自身や部下を責めるのではなく、現状を分析し速やかに負担の軽減を図る。辞めるだけが責任のとり方ではない。

第三章　お家存続の処世術

【毛利元就の処世術】

拡大策をとる前に組織の現状を入念に分析せよ

毛利元就（1497～1571）安芸国（広島県西部）出身の武将。土豪出身だが1555年に厳島の戦いで陶晴賢（すえはるかた）を破り下克上。1566年には尼子氏を滅ぼし中国地方の覇者となった。

教科書にも掲載された「三本の矢」のエピソード

企業ならば、〝現状よりも組織を拡大させることが成功につながる〟と考えるのが一般的だ。しかし、組織を拡大させることはそう簡単ではない。むしろ、拡大させようとする中で失敗してしまい、逆に組織を窮地に陥らせる可能性だってある。組織の実力や社会情勢など、現状を把握せず、いたずらに拡大策を続けていては、自転車操業に陥って取り返しがつかなくなるかもしれない。

組織の拡大を禁じ、現状を守り続けることを指示した戦国大名に毛利元就がいる。

元就といえば、戦前の教科書にも掲載された「三本の矢」※①のエピソードが有名だ。これは残念ながら実話ではなく、元ネタは中国の故事にあるというが、元就が自身の死後に後継者争いの勃発を危惧していたのは事実のようだ。対立を避けるため息子の吉川元春《きっかわもとはる》、小早川隆景《こばやかわたかかげ》に書状で、

「お前たちは養子に出してしまったが、これからも毛利家を支えること」

と書き置き、互いに反目せずに兄弟3人で手を取り合うよう言い残している。

なぜそれほどまで兄弟仲にこだわったのか。それは、自身が経験した弟との対立を、息子たちに繰り返して欲しくないとの思いがあったからだと言われている。

元就は家督を継承して間もなく、家中が割れて実の弟と対立することになった。弟・元綱《もとつな》は、毛利家重臣や中国地方の有力者である尼子《あまこ》氏に担がれる形で兄の暗殺を計画したが、元就に感づかれ失敗。逆に兵を仕向けられ、死亡することとなる。

弟の命を奪うことになった元就は、息子たちに同じ過ちを繰り返させまいと、右の言葉を残したのだろう。そんな教えの効果もあってか、吉川元春と小早川隆景は、元就死後も、毛利家を守るため精力的に活動した。

「三本の矢」のエピソードは、このような背景があったからこそ生まれたものだろう。ただ、元就の後継者へのエピソードはこれだけではない。

※①三本の矢
3人の息子・毛利隆元、吉川元春、小早川隆景を呼び出した元就。息子たちの前で1本の矢を折ってみせた後、3本束ねた矢も同じように折ろうとしたが失敗した。この矢を例に、息子たちへ「1本の矢なら病人のおれでも簡単に折ることができるが、3本まとめるとこのとおり容易に折れない。このことを忘れないでくれ。1人ひとりの力は弱くても、3人集まればこの矢のように負けることはない。毛利家の跡を継ぐ隆元を、2人の兄弟が支えていって欲しい」と語ったという。

息子たちに残した意外な遺言

1497年に安芸国《あきのくに》の豪族の次男として生まれた毛利元就。前半生は隣国の尼子氏と大内氏との間で戦いに明け暮れた。そして59歳のとき、※②厳島の戦いに勝利したことで、中国・北九州地方の11ヵ国を治める戦国大名へと飛躍した。

織田信長や武田信玄、上杉謙信などと並び、戦国大名の中では屈指の実力を持つ毛利元就。これほどの大きな仕事を達成した人物ならば周囲から、

「あの人はとっても優秀だから、これだけの業績を成し遂げたのだろう」

と褒めたたえられてもおかしくないし、本人が、

「これは、自分が類《たぐい》まれな能力を持っているから成し遂げることができたのだ」

と考えても不自然ではない。しかし、毛利元就は違った。

先ほどの「三本の矢」のエピソードのベースになった書状で、自らのことを、

「自分には武勇もなければ、知恵や才覚もなく、信仰心もない」

と分析。そして、

「ここまで領土を拡大し、多くの戦争で勝利したことは、想像を絶する幸運の中を自分が

※②厳島の戦い
［いつくしまのたたかい］
安芸国厳島で毛利元就と大内氏の陶晴賢との間で行われた戦い。この戦いで陶晴賢が敗れたことで、大内氏は弱体。中国地方の実権は毛利元就が握ることになる。

〝すべりぬけて〟きたからである」

と説明している。

そう、自らの業績を〝運が良かった〟と片付けてしまっているのだ。そして、これらを踏まえて、毛利家の家訓を子孫に残している。それは、

「今の領地を守ることに専念し、決して天下を狙うな」

というものだ。

元就からすれば、「自分は運が良かっただけであり、天下を狙えるような器の人物が今後、そう簡単に毛利家から生まれるとは考えられない」ということだろう。

カリスマ性もあり、実績も十分であった組織のトップが引退間際に、

「俺の意思を受け継いで、目標を達成してくれ」

と後継者たちに語れば、美談かもしれないが、それをしなかったのが元就であった。

元就死後、織田家の羽柴秀吉は毛利討伐へやってくる[※③]が、〝領地を守る〟ことに専念していると、やがて本能寺の変が起こり、勝手に織田軍は退却してしまう。関ヶ原の戦いでは、西軍の総大将に毛利輝元[※④]（元就の孫）が擁立させられるも、毛利家の行動が能動的でなかったため、領土を削られただけで毛利家は存続する。

特に関ヶ原の戦い直前、毛利家は日本有数の大大名であり、天下を狙えるチャンスは十分

※③羽柴秀吉は毛利討伐へやってくる
織田信長に中国侵攻を命じられた秀吉は中国地方の覇者であった毛利家に従う三木城主・別所長治（べっしょ・ながはる）を攻撃して倒す。さらに、鳥取城を陥落させ備中高松城を水攻めをして追い詰めるも、本能寺の変の急報が秀吉のもとへ届いたことから、備中高松城の城主・清水宗治の切腹を条件にして毛利輝元と講和した。

※④毛利輝元
［もうり てるもと］（1553〜1625）父は毛利隆元。祖父は毛利元就。豊臣政権五大老の1人。関ヶ原の戦いでは西軍の総大将となるも、大坂城から動かなかった。周防・長門が安堵された。

あった。しかし、天下を狙うということは、元就以上の実力と運がなければ不可能であり、もし失敗すればすべてを失うことになる。

結局、輝元は天下を狙わなかった。西軍についたことで大幅な領地削減となったが、吉川《きっかわ》家の必死の嘆願のおかげでお家取り潰しは免れ、家を残すことができた。

こうして元就の家訓を忠実に守った毛利家は幕末まで続くことになる。

元就の家訓を守った「そうせい侯」

幕末期に長州毛利家のトップは毛利敬親※⑤であった。敬親は幕末の動乱期でも決して能動的には行動しなかった。家臣からの進言に、「そうせい」しか言わないため、「そうせい侯」などと呼ばれていた。

長州藩は幕末期に何度も幕府から倒されそうになり、藩の最高責任者である敬親への処分も検討された。当時は敵対していた薩摩藩の西郷隆盛も、「長州藩を東北の貧しい地方へ移転させてはどうか」と考えていたようだ。しかし、敬親は結局、一度も幕府から処分を受けることはなかった。それは、敬親が長州藩を能動的に指揮していなかったことが藩外の者にもわかっていたからだ。

※⑤毛利敬親
［もうり たかちか］
（1819〜1871）
長州藩の第13代藩主。質素倹約と貨幣流通の改正を行い、村田清風を登用して、藩政改革を断行した。明治期に入ると、薩摩藩・土佐藩・肥前藩とともに版籍奉還を奉請した。

また、長州藩は外部との対立だけでなく、数度にわたる内部抗争も幕末期に経験している。そんな中、抗争に藩のトップである敬親が巻き込まれることもなかった。これは敬親が積極的に自身の考えを示すことがなく、藩の実権を握った者に対して「そうせい」と言って最終決定を下す存在だったからである。藩主の意見に左右されずに議論できた長州藩は、最終的に倒幕派の主力となり、明治新政府へ多くの人材を送り込むことになる。

「決して天下を狙うな」とは、「自ら能動的に動くな。そうすれば状況が変わる」ということにもなるだろう。「そうせい」としか言わなかった敬親は、自身の能力を十分把握していた。元就ほどの運も実力もないことはわかっていたし、有能な家臣に任せたほうが長州のためになることもわかっていた。長州藩が倒幕の主力になれたのも、敬親が元就の遺言を理解し忠実に守ったことが無関係ではないだろう。

毛利元就の処世術

やみくもに事業を拡大すると、結局は組織の寿命を早めることになる。新たな事業に着手するときは、一度足を止めて現状を客観的に分析する。そうすることで、実力に見合った現実的な目標設定が可能になる。

【森長可の処世術】

本当に大事なことは軽い言葉では伝わらない

森長可（1558～1584）
美濃国（岐阜県）出身の武将。織田信長に仕えその武勇が評価された。武田攻略で武功を上げ領地を拡大したが、小牧・長久手の戦いで秀吉方として出陣し戦死。

信長に愛された猛将の荒々しいエピソード

つらい仕事を、後継者に教えることは難しい。

「この仕事は、とてもつらい仕事なんだ」

と説明しても、頭では理解できるかもしれないが、本質まで理解できているとは限らない。その厳しさを教えるためには、過激な言葉を残さなければいけないこともあるだろう。戦国時代に自らの遺言で、仕事の厳しさを教えたのが森長可《もりながよし》である。

戦国時代にあまりなじみのない方には、森長可といってもピンとこないかと思うが、本能寺の変で織田信長とともに討たれた近習・森蘭丸※①の兄弟だと言えば、活躍した時代や主君などをイメージしやすいかもしれない。

森長可は、織田家に仕えていた森可成《よしなり》※②の次男として生まれ、13歳のときに父が戦死したことで家督を継ぐ。その後は織田家で一番の猛将として活躍。長篠の戦いや石山本願寺攻め、播磨《はりま》攻略に長島一向一揆の鎮圧など、多くの戦いに参加して武功をあげた。信長が亡くなった後は羽柴秀吉に従いその活躍が期待されたが、1584年の小牧・長久手の戦いで戦死している。

戦国時代には、〝猛将〟と呼ばれるような人物が多く存在するが、そんな中でも森長可はトップクラスの人材だ。

長可が愛用した十文字槍※③には、「人間無骨」と刻まれている。その意味は、「人間の骨など無いも同然」という意味で、自らの強さを誇示するものであった。16歳の初陣では27個もの首級を挙げ、武田家の高遠城《たかとおじょう》を攻めたときには、返り血で鎧が真っ赤に染まるほどの死闘を経験した。

長可の〝猛々しさ〟は戦場だけにとどまらない。

同僚を斬ったこともあれば、上司に対しても傍若無人な振る舞いを繰り返す。ただ、なぜか信長から咎《とが》められたり、処罰されることはなかった。

※①森蘭丸
［もり らんまる］
（1565〜1582）
1577年に小姓として織田信長に召し抱えられる。その後は事務官として信長を支えるも、本能寺の変で討たれた。

※②森可成
［もり よしなり］
（1523〜1570）
美濃で土岐氏に仕えたのち、織田信長に臣従。宇佐山城の戦いで戦死している。

※③十文字槍
細長く優美な刀のようにカーブした刃の枝を持つ槍。それ以外にも、真っ直ぐにのびた剣状の十文字のものがある。

そして、こんな話も残っている。

関所の役人に、

「馬を下りて名を名乗れ」

と指摘された長可は、

「信長様ならともかく、関所の役人ごときが、おれに下馬を命じるとは許せん」

と怒鳴り、役人を叩き斬ってしまう。

これを聞いた信長は、

「お前は五条大橋で人を斬った武蔵坊弁慶[※④]のようだ」

となぜか感心する。それ以来、森長可は〝鬼武蔵〟と呼ばれるようになった。

なぜ、信長は長可に甘かったのか。その理由は、はっきりとわからない。ただ、長可の獰猛さを怒るよりも、褒めて称えた方が戦場で役に立つと信長は判断したのかもしれない。そうだとすれば、有能な人材を積極的に活用した信長らしい判断である。

猛将が残した異色の遺言〝武士を辞めろ〟

森長可[※⑤]は、戦死することになる小牧・長久手の戦いでは死を覚悟していたのか、遺書をし

※④武蔵坊弁慶
［むさしぼう べんけい］
（生年不詳～1189）
源義経の従者。史料が少ないため詳細は不明。『義経記』をはじめとした軍記物に登場し、人気を博した。

※⑤森長可は戦死することになる……
1584年、信長死後に起きた羽柴秀吉と徳川家

たため、鎧の下には死装束を着込んでいた。27歳の若さであった。

そんな長可の遺書は、戦国時代の〝猛将〟としては、非常に異色の内容だ。

遺言状では、弟の仙千代には、

「自分の跡を継いで城主になるな」

と書き残し、娘のおこうには、

「武士ではなく、京の町人か医者へ嫁げ」

と言い含めている。

返り血で自らの鎧が真っ赤に染まった猛将ならば、跡を継ぐ者に対して、

「自分を超えるような働きを戦場で見せるように」

くらいの遺書を残すと想像してしまうが、事実は違う。

一般的に言って、戦国時代の遺書には後世へのアピールという側面がある。自分の功績を書き連ねたり、死に対して潔い姿勢を示すことで「自分はこんなに立派だったのだ」とアピールするわけである。しかし、長可の遺書にはそのようなことはまったく書かれていない。残された家族を心配しているだけである。

森長可の周囲を見れば、あれだけ力を誇った主君の織田信長も討たれ、同じ場所で森蘭丸だけでなく、別の2人の弟も失っている。それ以前には父も兄も戦場で倒れている。そして、

康の争いで森長可は秀吉の味方につき、秀吉の弟・秀次の部隊の指揮官を務めた。徳川の別働隊によって秀次軍が追いやられると長可隊は孤立。奮戦したが鉄砲で頭を打ちぬかれて死亡した。小牧・長久手の戦いについては32ページ注⑥も参照。

〝鬼武蔵〟と恐れられた自らも、結局は27歳の若さで、戦場にて命を落とす。戦いに明け暮れる生活を送れば、いつかは命を落とすことになることを、誰よりも長可自身が痛感していたのだろう。

そして、最後に残された弟に対しては、

「戦場へ出るような武士にならないために、跡は継ぐな」

と遺言を残した。

これ以上に、武士という仕事の厳しさを伝える言葉はないだろう。

長可亡き後の森家が進んだ道

戦国時代の世の中では、兄が命を落としたら、その弟や子が後を継ぐのが道理だった。

しかし、長可がそうした道理に反した遺言を書いたのは、後に残される弟のことが心配だったからだろう。

長可は織田家でも1、2を争う猛将だ。後を継ぐ弟は当然、強かった兄に比べられることになる。不甲斐ないところを見せれば厳しい評価を受けることになるはずだ。

もちろん、後を継げば戦場に出ることになるし、周囲からは長可の弟だとして期待をされてしまう。その期待に応えるためには、無理をして戦わねばならないこともあるだろう。長可は一見、後ろ向きな遺言を残して、弟にその覚悟があるのかどうかを尋ねたのである。

では、長可の死後、森家はどうなったのだろうか。

「武士になるな」と言われた弟の森忠政[※⑥]だったが、結局は、遺言に背いて森家の跡取りになった。忠政は豊臣方の武将として時局を冷静に判断し、家康に接近。関ヶ原の戦いでは東軍に与《くみ》し、美作国《みまさかのくに》津山《つやま》藩の初代藩主となり、65歳で天寿を全うした。

ときに厳しい判断に迫られながらも、戦国の世を生き、森家を存続させた忠政。その原動力になったのは、武士の厳しさを説く、兄の遺言だったことは間違いない。

森長可の処世術

物事の厳しさを伝えるならば、上辺だけの言葉では足りない。その目標はどう難しいのか、達成するためにはどんな覚悟が必要なのか。本質的な言葉を用いれば、受け取る側の意識を変えることができる。

※⑥森忠政
［もり ただまさ］
（1570～1634）
森可成の六男。織田信長のもとへ出仕するが、同僚との喧嘩により、親元へ返される。しかし、このため本能寺の変には巻き込まれず、生き抜くことができた。

【黒田官兵衛の処世術】
次代に組織を引き継ぐ際はあえて悪を演じるべし

黒田官兵衛（1546～1604）
播磨国（兵庫県）出身の武将。小寺氏に仕えたのち、秀吉に臣従。中国攻略、九州征伐などで活躍した。博多を整備し、福山城を築くなどインフラ整備にも力を発揮した。

親と比べられる二世は辛い

世に溢れる二世議員、二世経営者などは、何のコネも持たない人間から見れば、うらやましいばかりの存在である。

だが、その二世たちにだって彼らなりの悩みがあるだろう。

それは先代との比較である。特に先代が優秀であればあるほど、古くからの部下には、「先代に比べ、あのバカ息子は……」と少しのミスで陰口を叩かれてしまう。二世にとって、親が優秀であることは、自分が組織を運営する上で足かせにしかならないのだ。

しかし、先代の少しの気の遣い方で、次代が楽になることもある。戦国時代に世代交代の妙技を見せたのが天才軍師として名高い黒田官兵衛《くろだかんべえ》である。

黒田官兵衛は1546（天文15）年に播磨国《はりまのくに》の姫路に生まれた。豊臣秀吉[※①]に仕え、軍略や外交面で絶大な才能を発揮して支えた。本能寺の変の報を聞いた秀吉に対して、「天下を狙うべき」と進言し、決断させたという逸話は有名である。関ヶ原の合戦後は筑前国《ちくぜんのくに》名島《なじま》（福岡）に加増されるが、その後は幕府の政治には参加せず隠居生活を送っている。2014年にはNHKの大河ドラマ「軍師官兵衛」が放映され、岡田准一が主演を務めたため、ご存知の方も多いだろう。

官兵衛の後継者は息子の黒田長政[※②]である。彼は幼い頃に人質生活を余儀なくされ苦労したが、武将としての戦績は申し分なく、朝鮮出兵では連戦連勝の大活躍。江戸時代に入ると、参勤交代では、有事が起きた時を想定し、どんな状況下でも部下が対応できる訓練のためにと、決して同じ道を通らなかったという逸話も残っている。

長政は官兵衛が先行きを心配するような後継者ではない。二世としては、まずまず優秀な人物であったはずだ。

しかし、後継者として申し分のない存在であろうとも、先代は〝天才〟と言われた黒田官兵衛である。長政が古参の家臣から常に父と比べられることは間違いない。そうなれば、優

※①豊臣秀吉に仕え……　1575年に当時の主君である小寺政職に、織田氏への臣従を進言。この時に信長に取り次ぎを頼んだのが羽柴秀吉であった。

※②黒田長政［くろだ ながまさ］（1568〜1623）父は黒田官兵衛。筑前福岡藩初代藩主。幼少期は羽柴秀吉のもとで人質生活を送る。朝鮮出兵で活躍。さらに関ヶ原の戦いでは東軍に従う。

秀な長政であっても苦労するはずだ。

官兵衛、死に際のひと仕事

そんな長政の将来を、父・官兵衛も心配したようだ。

そこで、自身が病になり床に伏せるようになって死期を悟ると、ある行動を起こす。それは家臣に対して罵声を浴びせることだった。

これには古くからの家臣たちも大激怒。家臣たちからしてみれば、これまで官兵衛を身を捨てて助けてきたつもりなのに死期が近づいた途端、悪口を言われるとなると、とても気分がいいものではない。

そもそも官兵衛は、戦国武将の中でも部下に対して特に思いやり※③を持って接するタイプであり、常々、家臣と接する際には「威厳と傲慢は違う」と自らを戒めていた。家臣に対して礼を持って接すれば自然と慕われるというのが持論であり、悪口を言うようなことはまずなかったし、そもそも偉そうに威張り散らすことすらなかった。

「父上、家臣への悪口はどうか謹《つつし》んで下さい」

すっかり変貌してしまった官兵衛の態度を心配して進言したのは、後継者の長政であった。

※③思いやりを……官兵衛は身の回りのものを家臣に譲る場合、タダであげずに払い下げた。ケチに見えるが、「下賜するともらっていない者が不公平だと感じる」と、家臣を思いやるきちんとした理念に基づいた行動だった。

その言葉を聞いた官兵衛は、長政の耳もとで、

「俺が悪口を言っているのはお前のためだ。家臣の心は俺から離れ、〝早く死んで次の代になって欲しい〟と願うはずだ」

と説明したという。

自らが悪者になることで、後継者に人望が集まるように手を打ったのだ。見方によってはとんだ親バカだが、この官兵衛最後の機略[※④]に、息子の長政は感嘆したという。

死ぬ間際は後世からの評価を意識して、悪人でも善人ぶるということはあるかもしれないが、逆のパターンは官兵衛だけだろう。戦国時代最大の戦略家であった官兵衛は、後世の自身の評価より、次代の繁栄を願ったようだ。

経営者が、「かわいい息子に、どうしても自分が大きくした会社を継がせたい」と考えるならば、官兵衛と同じように、死んだ後の自分の評価を気にしないくらいの覚悟は持つべきなのかもしれない。

※④官兵衛最後の機略
他にも、官兵衛は優秀な家臣を長政に残すため、当時は一般的だった殉死も家臣に禁じている。

秀吉がもっとも恐れた男

黒田官兵衛は死ぬときだけでなく、家督を長政に譲るときもこんな逸話がある。

豊臣秀吉が天下人となった後に、彼は側近に対して、

「もし、わしが死んだら誰が天下を獲ると思うか」

と質問した。

側近らは、多くの領土を持つ徳川家康や前田利家、上杉景勝《うえすぎかげかつ》らの名前を挙げる。しかし、秀吉は首を横に振り、

「官兵衛だ」

と答えたという。

この話を伝え聞いた官兵衛は、秀吉が「官兵衛は天下を狙っている危ない人物だ」と警戒していると理解した。

そもそも、秀吉の天下統一の過程で最大の功労者は官兵衛であったものの、彼に対する恩賞※⑤は驚くほど少なかった。これは、官兵衛が大きな勢力を持てば、いずれ自分に逆らい、自ら天下を狙う可能性があると秀吉が懸念したためだろう。官兵衛も、そう疑われていることはわかっていた。ここで不満を言ってしまえば、自分に反逆の心があると思われてしまう。そのため、一切文句は言わなかった。

そんな状況下で、右の秀吉の発言である。秀吉に疑念がまだ残っていると感じた官兵衛は、すぐに行動を起こした。家督を長政に譲り、隠居したいと申し出たのだ。秀吉は慰留するも、

※⑤彼に対する恩賞
九州征伐後に与えられたのは、豊前国の中の６郡でおよそ12万石ほどでしかなかった。

結局は隠居を許可。ただし、隠居後も秀吉の下で働くことが条件となった。

「誰が天下を獲るのか」という話は秀吉から官兵衛へ、「オレはお前を信用していないぞ」というメッセージだったのだろう。そのメッセージを感じとって、官兵衛は身を引いたということのようだ。

もし、官兵衛が何のリアクションも起こさなければ、秀吉が隙を見て官兵衛を潰していた可能性は否定できない。そんな、空気を読んで隠居するという判断は、官兵衛の危機管理能力の高さを証明しているといえるだろう。

黒田官兵衛の処世術

リーダーの最後の仕事は、後継者が働きやすいよう環境を整えること。自分の影響力を排して新しいリーダーの指示に従うような体制にする。そうすれば、引継ぎ後も組織は混乱なく、スムーズに運営されるはずだ。

【伊達輝宗の処世術】

組織を存続させたければ後継者選びで迷いを見せるな

伊達輝宗（1544 ～ 1585）陸奥国南部（福島県）出身の武将。出羽国（山形県）米沢城城主。奥州平定に努めると同時に外交にも力を入れ、織田信長、北条氏政など有力者と良好な関係を築いた。

後継者を争う2人の有力候補

組織のトップにとって決断力は非常に重要である。

戦国時代ならば、有力な後継者が2人いる場合、どちらを選ぶか決断を下すことは非常に緊迫する。部下たちも、

「次のトップはどっちがなるのか」

と落ち着かない日々を送ることになり、職務に集中できないことだろう。自然に次代を見越した派閥もできるはずだ。後継者候補たちも、「自分こそが相応しい」とライバルを憎む

ようになる。

さらに、そんな状態でトップが突然、死んでしまったりすれば、組織は2つに分かれて大混乱。これをきっかけに他家がお家争いに介入したり、両陣営が武力衝突して組織が弱体化したりと、下手をすればお家が滅ぶ可能性がある。実際、織田信長や毛利元就など名だたる大名たちも、家督相続前後はお家存続の危機にさらされ苦労している。

一方で、戦国時代にこのような逆境の中で早急な決断を下して一族を繁栄に導いたのが、伊達輝宗《だててるむね》である。

輝宗は、1554（天文23）年生まれ。伊達家の16代目当主であり、出羽米沢城※①の城主を務めた。

そんな彼には2人の子どもがいた。長男の梵天丸《ぼんてんまる》と次男の竺丸《じくまる》だ。

梵天丸は幼い頃に疱瘡《ほうそう》にかかり後遺症で隻眼《せきがん》であった。その影響からか、内気で恥ずかしがりやのところがあった。当然、こんな性格では家臣からの評判は芳しくなく、〝戦乱を生き抜き皆を率いるトップとしては役不足である〟とあまり期待されていなかった。

一方の竺丸はといえば、家中の評判は上々、また、母の義姫《よしひめ》も内気な梵天丸を敬遠し、次男の竺丸に期待を寄せた。つまり、母親を含め家中の多くの者が、家督を継ぐのは竺丸だと思っていたのだ。

※①米沢城
現在の仙台市中心地にあった伊達家の城。江戸時代には米沢藩の藩庁が置かれ、上杉家がここで政務を執った。

早期の判断で方針を示す

しかし、輝宗の見立ては違った。

梵天丸に期待し、美濃出身の高僧・虎哉宗乙[※②]を家庭教師として招き指導させた。

その虎哉宗乙いわく、梵天丸は、

「一を聞いて十を知るような才能がございます」

とのことだった。

いよいよ梵天丸の才能に確信を持った輝宗は、梵天丸を11歳の若さで元服させ、名を政宗とさせる。そう、彼こそが戦国時代に東北の覇者となった独眼竜[※③]・伊達政宗である。

ちなみに〝政宗〟という名は、南北朝時代に伊達家の中興の祖となった祖先と同じ名前である。もともと伊達家は代々、室町幕府の将軍家から一字をもらって名前をつけていたが、その慣例も変えた。〝政宗〟[※④]という一族の英雄の名を慣例を破ってでも与えたのだ。これだけでも、政宗への期待が大きかったことがわかるだろう。

さらに輝宗は政宗が18歳になると家督を相続させ、自身はさっさと引退してしまう。このとき輝宗はまだ40歳。特に病気になったわけでもない。働き盛りの歳であった。

※②虎哉宗乙
[こさい そういつ]
美濃国生まれ。臨済宗妙心寺派の僧。伊達輝宗の叔父で東昌寺住職・大有康甫と親交があった縁から、伊達政宗の師となる。

※③独眼竜
最初に独眼竜の異名を持ったのは唐に仕えた武将で、後に後唐の皇帝となった李克用。

※④〝政宗〟
戦国時代の政宗以外にも伊達家には9代目当主に政宗という人物がいた。この伊達政宗は、

〝政宗〟の名前も与えられ、家督も相続したとなれば、家臣団は何の迷いもなく、政宗のもとで一致団結。その結果、政宗は東北一の戦国大名に成長していくことになる。

もし、輝宗が後継者選びを悩んだり、自分の方針を曖昧にしか示さなかったら、家臣団は政宗派と竺丸派で分裂した可能性もあったはずだ。

伊達家が分裂した場合、竺丸派の中心は母の義姫になるだろう。この妻・義姫の存在も、早期に政宗に家督を相続させたことと大きく関係があったと推測される。

というのも、義姫の兄は隣国の実力者であった最上義光※⑤である。彼女は、男勝りで気丈であり、政治にも積極的に首を突っ込む女傑であった。伊達軍遠征中、彼女の実家の最上軍が隙を見て攻め込もうとしたとき、輿で両軍の間に入り仲裁に入ったというエピソードが残っているぐらいだから、実権を与えたら何をしでかすかわからない。

このような義姫がいるため、伊達家のお家騒動に最上家が介入することは、輝宗には予想できた。もし、最上家介入を認めていれば、伊達家の領土が乗っ取られていた可能性もあっただろう。

事実、最終的には再び親子として交流を持つも、政宗と母・義姫の間では後に確執が起こった。幼少期から折り合いの悪かった2人である。結局、関係を完全に修復することはできず、義姫は実家の最上家へ戻ることになった。

1353年生まれ。伊達家の領土を拡大したことから、伊達家の中興の祖とされる人物である。

※⑤最上義光
[もがみ よしあき]
(1546～1614)
出羽国の戦国大名であり、山形藩の初代藩主。戦場では刀の2倍の重さの鉄棒を振るう勇将であり、「羽州の狐」「虎将」とも言われている。

伊達家のお家騒動

伊達輝宗の早期の判断は、それまでの伊達家のお家騒動も影響していると考えられる。

輝宗の父である晴宗《はるむね》と祖父の稙宗《たねむね》は7年間に亘《わた》り、のちに天文の乱※⑥と呼ばれる激しい戦いを繰り広げた。この争いは、一族や家中の者だけでなく、周辺大名も巻き込んだ大騒動であった。

さらに、輝宗と晴宗にも確執があった。親子であろうと争うのは、戦国時代の常識である。血を分けた親と争った輝宗も、そのことは十分承知していたはずだ。早期の引退の決断は、家臣団の結束とともに、将来の自分と子の確執を懸念したことも要因としてあるだろう。

一般的には独眼竜・伊達政宗の影に隠れ、あまり知名度のない輝宗だが、この家督相続の一件以外にも、戦国武将として優秀な人物であった。

まず、彼は家柄に関係なく、優秀な人物を積極的に採用している。政務の最高指揮官には、修験者の子である遠藤山城守《やましろのかみ》基信《もとのぶ》を抜擢。さらに政宗の傅役《ふやく》には神官の子である片倉小十郎景綱※⑦を採用した。内気な梵天丸が、一人前の戦国武将へ成長したのは、主従の関係を超えた景綱との交流があったことが大きいと言われている。

※⑥天文の乱
伊達氏当主である伊達稙宗と嫡男の晴宗という父子の内紛。1542年に晴宗は鷹狩りの帰路を襲って稙宗を捕らえ、居城・西山城に幽閉。のちに稙宗は救出されるも、奥州全域を巻き込む大乱となる。1548年に将軍・足利義輝の仲裁で、稙宗が隠居して晴宗に家督を譲るという条件で和睦が成立した。

※⑦片倉小十郎景綱
[かたくら こじゅうろう かげつな]
(1557~1615)

また、領土拡大とまではいかなかったものの、最上《もがみ》家や相馬《そうま》家などの周辺の有力大名の侵入を阻止して領地を死守。

さらに中央の情勢にも通じ、織田信長や徳川家康と早くから交流を持っていた。

輝宗死後に、政宗は勢力を大きく拡大し東北の雄となるが、その下地は輝宗がつくったといえるだろう。

伊達家というと政宗ばかりがクローズアップされるが、その父・輝宗も、偉大なリーダーだったのである。

神職の子として生まれるも、異父姉が政宗の乳母であったことがきっかけとなり、政宗の側近となり、その後は政宗を支える。関ヶ原の戦い後は、長年の功績が評価され、白石城1万3000石の城主となった。

伊達輝宗の処世術

後継者争いの多くは、先代が曖昧な態度をとることで起こる。組織を引き継ぐならば、後継者をはっきり示し早くから帝王学を学ばせる。そうすれば、無用な混乱を防ぎ、組織を1つにまとめることができる。

【真田昌幸の処世術】窮地に追い込まれたときこそ二面張りの決断をせよ

真田昌幸（1547～1611）信濃国（長野県）出身の武将。上田城主。武田信玄・織田信長・豊臣秀吉に仕えた。関ヶ原の戦いでは西軍に属し、戦場へ向かう徳川秀忠の軍勢を足止めした。

存続をかけた天下分け目の決断

生きていく上で〝究極の選択〟を迫られることがある。

そのような状況下では、スパッと明快に決断することが美徳とされる風潮があるが、そればかりが正解とは限らない。

複数の選択肢を採用したことで一族を途絶えさせなかったのが、真田昌幸である。

真田《さなだ》昌幸《まさゆき》は、１５４７（天文16）年に信濃国《しなののくに》（現在の長野県）で生まれた。武田信玄に仕え、その武勇を愛されていたが、武田家滅亡後は独立。織田信長、豊臣秀吉[※①]に従い、真田家

※①秀吉に従い　1585年から秀吉に臣従するようになる。この時に人質として差し出したのが、次男の信繁であった。

を存続させた。また信濃上田《うえだ》城主《じょうしゅ》でもあり、ここで家康の侵攻を2度も防いでいる。

そんな昌幸が〝究極の決断〟を迫られたのは関ヶ原の戦いの直前。徳川方へ参加することを決め進軍していたが、※②下野国犬伏で敵方の石田三成から、

「家康でなく、豊臣家の味方になってくれ」

という誘いが届く。

すぐに昌幸は長男・信之、次男・信繁を呼び寄せ、3人だけで会議を始めた。

その会議の結果、昌幸と次男の※③信繁は陣払いをして西軍方に、長男の信之《のぶゆき》は進軍を続け東軍方となることを決めた。親子で分かれて戦うことを決めたのである。この真田家の分裂は、会議が行われた地名にちなんで「犬伏の別れ」と言われている。

話がまとまると、昌幸は真田家の家臣団をそれぞれ西軍方と東軍方へ分裂させ、

「家を分けることが結局は家の存続につながることになろう。これも真田が生き残るための方法の1つであるはずだ」

と説明した。

分断後、両軍は厳重警戒のもと猛スピードで行動を開始。すでに敵対関係となっており、相手が追っ手となって襲いかかってくるのを恐れていたからだ。

※②下野国犬伏［しもつけのくにいぬぶし］現在の栃木県佐野市。親子の密談の場所とされている新町薬師堂は現在も残されている。

※③信繁［のぶしげ］（1567～1616）真田幸村と呼ばれることもある。大坂の陣で豊臣方の武将として活躍するも討たれた。

昌幸はなぜ三成についたのか

「家を分けることが、結局は家の存続につながる」という判断は理解できるが、なぜ信繁だけでなく、徳川方に加勢しようとしていた昌幸自身も三成に従ったのか。この会議をもう少し詳しく掘り下げ、昌幸の腹の底を探ってみたい。

会議では、昌幸が最初に2人の子へ、「自分は三成に味方しようと思う」との意見を示したという。その理由を、

「自分は家康にも三成にも恩はないが※④、このような状況になった今、一族を隆盛させ、大望を成し遂げようとすることこそ武士だ」

と説明している。

確証はないが、昌幸が語った〝大望〟とは、自身による天下統一であったのではないか。天下分け目の決戦で家康に勝たれてしまえば、その後、世は混乱することなく、天下は徳川家のものになってしまう。しかし、三成は天下を統一できるような力量は持っていない。家康に勝つことで一時は天下を掌握するも、すぐに世の中は混乱するはず。その機会に自分が天下を統一できるチャンスが巡ってくると考えたようだ。

※④家康にも三成にも恩はない
真田家は、信濃国の豪族で清和源氏の流れをくむと称している。武田信玄に従っていたため秀吉とも家康ともつながりはない。昌幸の父・幸隆は、武田晴信に仕え、武田家の信濃先方衆として活躍した。

このまま、何事もなく人生を終えようと考えれば家康に味方した方がいいが、〝大望〟を目指すなら三成に勝ってもらわなければ困るのである。

この意見に次男の信繁《のぶしげ》はすぐに賛同。しかし、長男の信之《のぶゆき》は反対する。

「ここまで、家康に味方をするつもりで来たのに、突然、裏切るのは不義理である」

会議は、なかなか決着がつかず、父と子が刀に手をかけるような場面を記す軍記物もある。

最終的に昌幸は、一族を分裂させることを決断する。

自分の夢とは別に、家の存続も考え、その為には、自身とは別に子の信之が家康方に味方した方が都合が良いと判断したのだ。

東軍と西軍に分かれた真田家の運命

真田昌幸、信繁は上田城へ戻り、5000人の兵で、関ヶ原へ駆けつけようとする徳川秀忠[※⑤]軍3万8000人を、この地で釘づけにすることに成功する。ただ、関ヶ原の戦いでは、徳川家康が勝利。昌幸、信繁は追放された。

しかし、一方の家康方に味方した長男の真田信之は、信濃上田藩9万5000石が与えられた。親と弟を捨ててまで家康に味方した信之は、その行動を家康から、

※⑤徳川秀忠を釘づけ　家康は東海道を進軍したが、秀忠は中山道から関ヶ原を目指した。しかし、真田昌幸が上田城で徹底抗戦。結局、上田城を落とすことができなかった秀忠は関ヶ原の戦いに間に合わなかった。これに家康は激怒。関ヶ原の戦勝祝いの時に秀忠は、謝罪するために家康に面会を求めるも拒否された。

「徳川家に忠節を尽くすことは誠に神妙である。今後は、いっそう取り立てていく所存だ」

と評価された。

さらに信之は、父と弟の助命嘆願を家康に申し出る。その結果、昌幸と信繁は処刑とはならず、※⑥高野山領の九度山《くどやま》へ追放処分となった。もし、昌幸が強引に信之を説得し、行動を共にさせていたら、真田家は滅亡していた可能性もあったであろう。

高野山で昌幸は亡くなるが、信繁は大坂の陣に参戦。数々の戦績を残すが、結局は敗れ、自身も戦死する。一方で、大坂の陣以後、真田信之は信濃松代藩10万5000石に加増され、真田家も幕末まで大名として存続した。

自身の夢は果たせなかった昌幸だが、〝家の存続〟という目的は十分に果たしたと言えるだろう。

真田昌幸の処世術

選択肢はいつも1つだけとは限らない。他に最良の策はないのか、考えを張り巡らせて他の選択肢を考慮する。複数の選択肢をもつことができれば、それだけ窮地を脱する機会も増える。

※⑥高野山領の九度山に追放
高野山は武士の信仰を集める一方で、流刑地としても機能していた。また、社領を保証してもらうため特定の武家と協力関係を築くこともよくあった。そのため、今でも武士の菩提を弔う供養塔が多く存在する。ちなみに、九度山は高野山の入り口にあたる地。ここから高野山まで登るのに、成人でも8時間はかかる。

【前田利長の処世術】

ピンチのときは土下座外交で乗り切れ

前田利長（1562～1614）加賀藩第２代藩主。父とともに織田信長、豊臣秀吉に仕えた。関ヶ原の戦いでは東軍につき、領地を拡大。加賀百万石の基礎を築いた。

利家の遺言を無視してピンチ

日本の対外関係は〝土下座外交〟と揶揄されることがある。

土下座外交とは、自らの主張はせずに、ひたすら平身低頭、謝る姿勢を指していることだが、この姿勢で関ヶ原前後のピンチを凌いだのが、前《まえ》田《だ》利《とし》長《なが》である。

豊臣秀吉が１５９８年に亡くなると、一族のトップであった前田利家も１５９９年に後を追うように亡くなる。利家は亡くなる直前、後を継ぐ子の利長に対して、「３年間は加賀へ帰るな」

と遺言している。

加賀は前田家の本拠地であるが、秀吉が亡くなり、利家も亡くなったとなれば、天下は混迷する。そんなときに、豊臣家とゆかりの深い前田家が領地に帰っては示しがつかない。そのため利家は、京での混乱を鎮めるよう利長に言い残したのだ。

しかし、利長は利家が亡くなった半年後に加賀へ帰ってしまう。当時は加藤清正《かとうきよまさ》、福島正則《ふくしままさのり》らと石田三成が一触即発※①の状況であり、この状況に首を突っ込めば、前田家にも害が及ぶと考えたのだ。

ただ、この判断は裏目に出てしまった。

前田家は当時、日本有数の勢力であり、利長がこの重大な時期に国へ戻ることは、本人の意思とは別に政治的意味を持ってしまった。

「利長は加賀で徳川家康を暗殺する計画を練っている」

とのデマが流れてしまったのだ。

これを見逃さなかったのが家康である。

前田家は大きな勢力を持っているため、天下を狙う家康には邪魔な存在。その前田家を倒す大義名分ができたのである。

そもそも、このデマは徳川家康側が流したという説もあるぐらいだから、利長の不注意が

※①一触即発の状況
利家が亡くなった翌日、加藤清正、福島正則ら数名の武断派が三成の屋敷を急襲する事件が起きていた。

招いた結果とも言えるかもしれない。

ここから前田家には難局が始まるのだが、これ以降、お家存続を賭けて徹底した〝土下座外交〟で利長は乗り切っていく。

周囲があきれた前田家のバカ殿様

とにかく、当時の最大実力者である徳川家康と争いたくない前田利長。一方の家康は利長と衝突を起こすことで、混乱を巻き起こして天下を狙いたい。そんな中で家康が利長に要求したのが、芳春院※②を人質として差し出すことであった。

芳春院は利長の実母であり、父・利家とともに、前田家を日本有数の大大名にまで押し上げた功労者である。前田家に対して考えられる最大の嫌がらせと言っていいだろう。しかし、結局利長は、人質として芳春院を江戸へ送っている。というよりむしろ、芳春院自身が前田家のためならばと、進んで人質になる道を選んだ。大名の妻子が江戸で人質として生活するというのは江戸幕府の基本姿勢となったが、その第1号が芳春院であった。

さらに、豊臣家が滅び、徳川の時代になっても前田家の〝土下座外交〟は続いていく。加賀百万石という大領を治める前田家に対し、徳川家は、

※②芳春院
［ほうしゅんいん］
尾張国海東郡の篠原一計の娘。前田利家の正室。芳春院は利家死後に出家して号した仏名で、本名はまつ。豊臣秀吉の正室であるおねと親しかった。安土城城下に住んでいた頃は、屋敷の塀を隔てた隣同士に住んでいた。また、秀吉の母である、なかとも親しく、畑の手伝いをすることもあったという。

「隙があれば取り潰してやろう」

と、その機会を狙っていた。

そんな状況に対して、利長の後を継いだ利常[※③]は、自身を〝バカ殿〟に見せかけることで、このピンチを切り抜けようとする。

まず、人前で鼻毛は伸ばしたままで、ヨダレを垂らす。そして、江戸城内で立ち小便をして、大名が並ぶ中、自身の睾丸を見せびらかしたりした。

この利常の奇行に徳川側は、

「取り潰すほどの人物でもあるまい」

と判断したようだ。

そして、前田家は、幕末期まで加賀百万石を治め続けることに成功した。

土下座外交を否定した弟

徹底した前田家の〝土下座外交〟であったが、前田利長の弟である利政[※④]は、それが気に食わなかった。

そもそも、凡庸な兄・利長に比べると、弟の利政は〝槍の又左《またざ》〟といわれた父・利長の性

※③利常［としつね］（1594〜1658）加賀藩2代目藩主。立派な体格の持ち主でもあったことから、幕府からは「底の知れぬ人」と警戒されることが多かった。

※④利政［としまさ］（1578〜1633）前田利家の次男。豊臣政権では能登国七尾城の城主であった。関ヶ原の戦いでは、東軍方となった兄・利長とは別行動をとる。結局、東軍が勝利したため、能登の所領を没収され、京で隠棲する。大坂の陣では中立を保ったことから、徳川家康から、10万石の大名取り立てを打診されるが、これを拒否している。

格を受け継ぎ快活であった。

　徳川家康が利家が亡くなる直前に見舞いとして挨拶に来た際にも、

「絶好の機会、家康を暗殺しよう」

　と兄に進言するほどであった。これに利長は聞く耳を持たなかったが、この一件から利政は利長のやり方に不満を持つようになる。

　そして、その後も芳春院を人質に要求する家康の横暴な要求や、それに従う利長に我慢できず、関ヶ原の戦いでは、西軍側へ加担。ただ、西軍が敗れたため、領地を没収[※⑤]されてしまった。

　凡庸であったとされる利長だが、彼は自分が凡庸であったことを十分に理解していたため、決して無理な行動を起こさず、〝土下座外交〟に徹した。百戦錬磨の家康に対し、凡庸な自分では歯が立たない。ならばと徹底して下手《したて》に出て、前田家を存続させようとしたのだ。快活と評判であった利政よりも身の程を知っていた利長の方が、家臣を率いる大名としては優れていたようだ。

　ちなみに、利政が西軍方に加担したのは、実は自身の妻[※⑥]が三成の人質になっていたことが影響していたとの説もある。それを裏付けるかのように利政は、

「妻子を捨てたくない」

※⑤領地を没収
没収された利政の能登領およそ22万石は、兄利長に与えられた。

※⑥自身の妻
利政の正室である籍のこと。父は蒲生氏郷、母は信長の娘である冬と織田家にゆかりが深い。

との言葉を残している。

現代の観点から見れば、美談とも受け取れる発言だが、当時は生きるか死ぬかの時代である。妻のために領地を没収された利政より、家を存続させるために母を人質に差し出した利長の方が、やはり為政者として優れていたと判断せざるをえないだろう。江戸時代に入っても前田家の配下が路頭に迷うような苦労をしなかったことが、それを証明している。

豊臣家ともっとも縁の深い家柄でありながら、徳川の天下でも石高を削られることなく存続した前田家。我慢強い利長がいたからこそ、前田家は加賀百万石の基礎を築くことができたのである。

前田利長の処世術

下手な反論や言い逃れは、かえって立場を悪くする。万策尽きたと感じたら、現状を受け入れて耐えることも必要だ。相手に付け入る隙を与えなければ、挽回するチャンスは必ず巡ってくる。

【島津義久の処世術】
ミスを犯したときこそ慎重かつ大胆に行動せよ

島津義久（1533～1611）薩摩国（鹿児島県）出身の武将。1566年に家督を継ぐと日向、豊後へ侵攻。有力者を次々と破って1586年に九州全土をほぼ手中に収めたが、翌年豊臣秀吉に降った。

関ヶ原の失敗

どんな立派な人間であろうとも、失敗することはある。多くの成功を遂げた人物であっても、一度の失敗で全てを失ってしまうこともある。だとすれば、直江兼続の項でも触れたように、重要なことは常に多くの成功を遂げることより、〝失敗した後にどんな対応をするか〟であろう。

天下を二分した関ヶ原の戦いでは、西軍方に所属し敗北した多くの大名が戦後処理に頭を悩ませた。斬首や領地召し上げとなった者も多かったが、そんな中で島津《しまづ》家は領地を安堵された数少ない大名家の1つである。

島津家は、鎌倉時代から続く南九州の豪族[※①]であり、戦国時代には薩摩、大隅《おおすみ》、日向《ひゅうが》、肥後、筑後、肥前を制圧。あと一歩で九州全土を支配するまでに成長する。しかし、中央で台頭した豊臣秀吉に敗北し降伏。結局は獲得した領地は奪い取られ、薩摩、大隅、日向の一部のみとなった。

秀吉が亡くなると、徳川家康と石田三成の覇権争いが激化。関ヶ原の戦いで島津家は、朝鮮出兵で活躍し鬼島津と恐れられた島津義弘[※②]が、石田三成を中心とする西軍方に従軍する。

しかし、島津家は関ヶ原で積極的に三成を支援したわけではない。最西端の大名であった島津家は中央政治の情勢に疎く、成り行きで西軍に参加することになってしまったからだ。そして、義弘は途中でこの判断が失敗であったことに気付き、戦中はまったく動かなかった。三成は義弘の甥にあたる豊久に攻撃参加を願い出るが、それでも島津勢は無視する。

結局、西軍は敗北。最後まで関ヶ原に取り残された島津勢は敵中を中央突破して逃走。これは、「島津の退き口」と後々まで語り継がれることになる。

二方面作戦の戦後処理で粘り勝ち

※①鎌倉時代から続く南九州の豪族
源頼朝から島津忠久が薩摩国、大隅国、日向国の守護職に任命されたことから、南九州の豪族として力をつける。家紋である「島津十文字」は、頼朝が、箸を取って十字の形をつくり忠久に「これを家紋とせよ」と言ったことからとされている。

※②島津義弘
［しまづ よしひさ］
（1535〜1619）
島津義久の弟。生涯で53度の合戦に参加し数々の功績を立てた。医学・茶の湯などにも精通する一流文化人でもあった。

関ヶ原の戦いが終わると、徳川家康は西軍方となった大名たちを次々と処罰する。石田三成、小西行長、安国寺恵瓊[※③]を京都六条河原で斬首。宇喜多秀家[※④]は八丈島に流刑。さらに、関ヶ原の合戦中、積極的に戦わなかった長宗我部家ですら、領地を没収されてしまう。長宗我部家の例を見れば、島津家も領地没収、下手をすれば関ヶ原に参戦した義弘らの腹を切らせねばいけないような状況下である。ここで、関ヶ原に従軍した義弘の兄で、島津家の実権を握っていた島津義久《しまづよしひさ》は、二方面作戦でこのピンチに対応する。

まず、義久は家康に対して書状で、

「関ヶ原は成り行き上、西軍方となっただけで逆らうつもりはない。従軍した義弘も反省して謹慎している」

と説明する。これに対して徳川方の返答は、

「とりあえず、義久に上洛してもらいたい。直接その旨を説明してくれ」

というものであった。しかし、ここで義久は上洛しない。

長宗我部家の当主、盛親《もりちか》も同じように書状で説明し、言われるがままに単身上洛するが、その結果、領地没収を言い渡された。納得できる沙汰ではないが、長宗我部家には打つ手がなかった。主君が徳川方に拘束されたも同然であるため、国に残る家臣らも動くことができなかったのだ。結局、長宗我部家は抵抗することすらできなかった。

※③安国寺恵瓊
［あんこくじ えけい］
（生年不詳～1600）
僧侶ながら毛利家で外交官として活躍。豊臣秀吉からも重宝された。関ヶ原の戦いでは西軍方の主力となるも、敗れたため六条河原にて斬首された。秀吉が天下人になる前からその能力を高く評価していたことでも知られている。

※④宇喜多秀家
［うきた ひでいえ］
（1572～1655）
父は宇喜多直家。豊臣政権下では五大老のひとりとなった。関ヶ原の戦いでは西軍方であったため改易され、八丈島に流罪となり、その地で残りの人生をおくっている。

当時、20代であった盛親はまんまと家康に騙されてしまったが、家康よりも年上であった義久は慎重であった。まず、家臣を家康の謀臣である本多正信のもとへ派遣して交渉させる。正信は、

「とりあえず、義久自らが説明のために上洛すべき。そうすれば殿の顔が立つのだから、悪いようにはしない」

と答える。正信は、〝義久さえ上洛すれば領国を安堵する〟との誓紙も送るが、これでも義久は納得しない。

「欲しいのは正信の誓紙ではなく、家康の誓紙。さらに、そのことを世間に公表すれば、一門の者を家康のもとへ派遣する」

とあくまで慎重だ。

これらの交渉を続ける中、義久は、国境に兵員を増強。何かあれば徹底抗戦する姿勢も見せつける。天下分け目の戦いがせっかく1日で終わったのに、関ヶ原の戦場を中央突破するような連中に徹底抗戦されては混乱を招き、他にも天下を狙おうとする大名が現れるかもしれない。そうなると再び日本国中が大混乱となり、戦国の世に逆戻りする可能性もある。

結局、家康は義久の外交戦略に負けた。関ヶ原での島津家の責任は問わず、これまで通り、島津家に薩摩、大隅、日向の一部を安堵するという声明を発表する。これを受けて、島津家

は義弘の子である忠恒を家康のもとへ派遣。今後、島津家は家康に忠誠を尽くすことを約束した。そして家康は忠恒に自らの名前の一字を与え、家久※⑤と改名させて両家の関係は修復された。

この二方面作戦による敗戦処理は見事に成功した。島津家の戦後処理が終結したのは1602（慶長7）年。すでに関ヶ原の戦いから2年の月日が経過していた。

神頼みと大将の器

島津家は、他家と同じ世襲制にもかかわらず〝暗君なし〟と評判が高い一族である。戦国時代に活躍した島津忠良《ただよし》、貴久《たかひさ》。江戸時代には欧米列強の技術に早い段階で注目した重豪《しげひで》、さらに幕末期に斉彬※⑥など、多くの名君を輩出している。名君というと、その存在感が他に抜きん出ているイメージがあるが、関ヶ原後の敗戦処理を担当した義久は決して目立つタイプではなかった。

義久には朝鮮出兵で活躍し関ヶ原で見事に撤退した義弘以外にも、歳久《としひさ》、家久という知略に長けた弟がいた。個性的で優秀な弟たちがいれば、彼らを担ぎ出して反乱を起こす家臣がいてもおかしくない。そうやって分裂して、滅んだ一族は戦国時代に多くいる。しかし、島

※⑤家久［いえひさ］
忠恒の叔父の名前も「家久」であるため、一般的には忠恒と表記されることが多い。叔父の家久は、猛将として知られ、宣教師ルイス・フロイスも高く評価している。

※⑥斉彬［なりあきら］
（1809〜1858）薩摩藩の第11代藩主。洋式造船、反射炉・溶鉱炉の建設、地雷・水雷・ガラス・ガス灯の製造など薩摩藩の近代化に尽力した。下級武士であった西郷隆盛を積極的に採用したことでも知られている。

津家にはそういうことがなかった。義久は配下の操縦術が得意であったようだ。

家中で意見が割れたとき、義久はなんとくじびきで方針を決定したというエピソードが残っている。家臣の中では、この決め方に怒る者もいたというが、くじびきは、いわば「神頼み」であり、義久の意見ではなく、神の方針となる。神の意見であるならば意見に従わざるをえない。結局、くじびきで決まった事案に対して、従わない者はいなかったという。

さらに、※⑦義久自身は合戦に参加することはなく、優秀な弟たちにまかせていたという逸話も残っている。この姿勢を非難する者もいたようだが、徳川家康は、「自ら動かず、人を動かすものこそ大将の器」と評価していた。関ヶ原での戦後処理では、かねてより、自身が評価していた義久と直接対決は避けたいとの思いも、家康にはあったのだろう。

島津義久の処世術

危機に瀕したときは、誰しも焦りや不安を覚える。だが、焦っているだけでは何の解決にもならない。問題点を慎重に分析し、出た結論を大胆に実行する。そうすれば事態は自ずと好転していく。

※⑦義久自身は……この話は本領安堵後、家康に伏見城に招かれた際に義久自身が語ったという。ただ、義久は本領安堵後薩摩を離れたことがないため、後世の創作である可能性が高い。

【蜂須賀家政の処世術】

組織を守りたいならば個人を捨てる覚悟を持つべし

蜂須賀家政（1558～1638）
尾張国出身の大名。豊臣秀吉に重用された正勝の息子。山崎の戦いや一向一揆の鎮圧で功績をあげた。大坂の陣後は阿波国（徳島県）、淡路国（淡路島）を治めた。

蜂須賀正勝の秀吉への大恩

一般論では、「組織のトップは、部下を大事にしなければ成功しない」と言われている。織田信長も、家臣の扱いが厳しすぎたため、最終的に明智光秀に謀反を起こされ、天下統一の夢を成し遂げることができなかった、とされることが多い。逆に、二章で紹介した尼《あま》子《こ》経《つね》久《ひさ》や加藤清正は、部下を大事にして生き延びた武将である。

しかし、これはあくまで一般論。戦国時代と現在では状況がかなり異なる。策略が渦巻く戦国時代に配下を犠牲にしたことでピンチを切り抜けたのが、蜂《はち》須《す》賀《か》家政《いえまさ》だ。

もともと蜂須賀家は、秀吉の立身出世とともに成長を遂げた一族である。家政の父※①である正勝《まさかつ》（小六《ころく》）は、もとは尾張の土豪であり、のちに秀吉に臣従する。講談でも、豊臣家古参の武将としてよく登場するため、知っている方も多いだろう。長年、秀吉の片腕として活躍、その功績により秀吉から阿波国《あわのくに》（現在の徳島県）を与えられるが、

「秀吉様の近くで働きたい」

と希望したため、阿波国は正勝の子である家政のものとなった。

このような経緯から見ても、蜂須賀正勝は秀吉がいたからこそ大出世できた人物であり、秀吉に対して大きな恩を感じていたはずだ。だからこそ、最後まで秀吉の近くで働きたいと願いでたのだろう。秀吉もその申し出がうれしかったようで、正勝のために大坂城※②郊外に大きな屋敷を用意したほどだ。

そんな正勝だが、自身の出自が決して良家でないことにコンプレックスを持っていたようだ。息子の家政に対して、

「自分は常に〝義戦〟のみに参加してきた。しかし、我が家を野盗※③とバカにする者がいる。その汚名を拭い去ってくれ」

との遺言を残している。

この言葉には、

※①父である正勝（小六）
（1526〜1586）尾張国海東郡蜂須賀郷の国人領主であったが、のちに織田信長、豊臣秀吉に従う。特に秀吉の側近として、長島一向一揆や中国征伐などで活躍した。

※②大坂城
1585年に石山本願寺の跡地に、豊臣秀吉によって築城された。大坂の陣により豊臣氏が滅ぶと、江戸幕府の直轄領となる。

※③野盗とバカにする
江戸時代の軍記物『太平記』は蜂須賀家が野盗の

「これからも世間に恥じぬような行動をして、蜂須賀家の名誉を保って欲しい」

との願いが込められていたようだ。

正勝の死から数年後、小田原攻めで北条氏を降伏させた秀吉が天下を統一した。この戦いに参加した家政は、堅城の韮山城《にらやまじょう》を攻略して武功を上げ、死んだ父の願いに応える活躍を見せた。

だが、秀吉が死んで豊臣家の天下が揺らぐと、その忠誠心が試されることになる。

子を東軍、家老を西軍に送り込む

蜂須賀家は、どの一族よりも、豊臣家への恩を感じずにはいられない。そんな蜂須賀家が厳しい判断を迫られたのが関ヶ原の戦いだ。蜂須賀家の歴史を紐解けば、秀吉の子である秀頼を握る西軍方に従うのが道理であり、父・正勝の言葉に従えば西軍に協力することこそ〝義戦〟となるだろう。

そもそも、関ヶ原の戦いは、

「秀吉の遺言※④を守らずに独自行動をする家康を三成が討つ」

という理屈があるのだ。

出身だと記しているが、創作の可能性が高い。ちなみに、蜂須賀家は足利氏の末裔を自称しているが、それも事実かどうかは疑わしい。詳しい出自はわかっていないのが現状である。

※④秀吉の遺言
死期が近づくと秀吉は、五大老や奉行衆に、「秀頼に忠誠を尽くすこと」という誓紙を出させている。秀吉の遺言には、「大名同士が婚姻政策をしてはならない」というものがあったが、これを無視して、徳川家康は伊達政宗・蜂須賀家政・福島正則らと無断にすすめた。

ただ、この状況下で、現実的には東軍方が勝利するだろうと家政は考えた。そもそも、家政は秀吉が亡くなった直後から、「これからは徳川家康の時代」と判断し、嫡子である至鎮※⑤の妻に家康の養女をもらっている。

その至鎮も、

「勝機は東軍方にある」

と父を説得しようとしたし、それればかりか、早い段階で至鎮は東軍方へ従ってしまった。

また、家政も秀吉亡き後の豊臣家に臣従するつもりは、はじめからなかったようだ。加藤清正や福島正則などと同じく、家政と三成の仲が険悪だったことも影響しているだろう。

そんな中で、秀頼の名前で大坂城への招集命令が届く。西軍方も豊臣家と縁が深い蜂須賀家には期待していた。仕方なく大坂城へ向かった家政だが、そこで豊臣家に対して、

「すでに東軍に従っている息子の行動はあくまで単独行動である。そこで本来ならば自ら戦場に向かいたいが、老齢のためそれができない。よって阿波国を返上し、家老を西軍方に従軍させる」

と説明する。

これによって、あくまで蜂須賀家は、大恩のある豊臣家を守りたいとの意志を世間に示すことができた。

※⑤至鎮［よししげ］（1586〜1620）阿波国徳島藩初代藩主。蜂須賀家政の長男。妻は徳川家康の養女で小笠原秀政の娘。病弱であったため、35歳という若さで父よりも早く亡くなっている。

伊達政宗をうならせた阿波の古狸

息子を東軍へ、家老を西軍に従属させたことを見れば、関ヶ原で真田昌幸がとった行動と似ている。昌幸も同じように長男・信之《のぶゆき》を東軍方に、自身と次男・信繁《のぶしげ》を西軍方としたことで、一族の滅亡を回避した。

ただ、戦後の真田家と蜂須賀家政の対応は大きく異なる。

なんと関ヶ原後、蜂須賀家政は自分が西軍に従軍させた家老を切腹させているのだ。これは勝利した徳川家康に対して、

「家老の出兵はあくまで本人が勝手に行ったことであり、蜂須賀家の方針とはまったく関係ない」

ということにするためであった。しかも、家康から咎められる前に切腹させる素早さであった。さらに家政自身も出家して、東軍に従った至鎮へ家督を譲る。

蜂須賀家では、

「関ヶ原の件は、すでに処分済みである」

としたのだ。

結局、蜂須賀家政は、家康から責任を追及されることもなく阿波の領土も安堵された。

さらに大坂の陣では、家政は自ら人質となることを希望し、江戸へ出向いた。このことが評価され、大坂の陣が終わると、蜂須賀家は阿波に加え淡路※⑥も与えられた。

すべては家老を処罰したことで、家政は蜂須賀家を守ることができた。結果的に成功したとはいえ、家政のような人物の部下となることは正直、遠慮したい。戦国の世とはいえ、必死に働いた者が命を絶たれるなど、あまりにひどい。ただ、家政の非情な判断が蜂須賀家を救ったのも、まぎれもない事実である。

ちなみに、関ヶ原での一連の行動を見た伊達政宗は、家政のことを「阿波の古狸《ふるだぬき》」と呼んだという。

※⑥淡路
兵庫県にある淡路島のこと。蜂須賀氏は洲本城を拠点とした。江戸時代は徳島藩の領地であった。

蜂須賀家政の処世術

リーダーはときとして非情な決断を迫られることがある。その決断をすることで、なにを守ることができ、なにを失うことになるのか。難しい局面こそ、熟慮に熟慮を重ねて決断したい。

第四章　乱世の処世術

【上杉謙信の処世術】
理想の自分を演出すれば実力以上の評価が得られる

上杉謙信（1530～1578）
越後国出身の武将。名は輝虎。春日山城を拠点に越後を治め、加賀・能登にも影響力をもった。戦国時代きっての戦上手として知られ、後世には軍神として崇められた。

謙信のイメージは〝古い秩序を大切にする〟

よれよれの服装で営業するよりも、ビシッとスーツを着こなして営業をした方が、相手の印象はよくなる。人間は、営業マンの力量とは別に、そのイメージや見た目で判断してしまうことがよくあるからだ。

やはりイメージは悪いよりも、良い方が確実に得をする。

それを証明する戦国武将が、上杉謙信だ。

長尾為景[※①]の末子として生まれた上杉謙信は7歳で仏門に入ったが、14歳のとき兄・晴景[※②]の

※①長尾為景【ながお ためかげ】（1489～1543）上杉謙信の父。越後国守護代。越中や加賀に侵攻するなど勢力を拡大させたが、後年は国内の反乱に悩まされた。

要請で還俗。すぐに戦国武将として頭角を現すと、家臣団の要請もあり兄を隠居させ19歳で家督を相続することになる。その後は各地を転戦し、多くの戦いで勝利している。六尺の偉丈夫であり、信濃の川中島で5度、武田信玄と戦ったことは有名である。

「越後の虎」の異名を持ち、他の武将よりも抜きん出て戦争が上手かった謙信。実は権力の座から落ちた足利将軍家や天皇家をとても大事にしており、多くの献金を行っていた。「輝《てる》虎《とら》」と名乗っていた時期もあったが、その〝輝〟の字は室町幕府第13代将軍の足利義輝からもらったものである。また、名ばかりとなっていた室町幕府の役職・関東管領※③の職にも就任している。

「古い秩序など、壊してしまえ」

そんなスローガンを掲げた代表格が織田信長であるならば、そのまったく逆の発想を持っていたのが上杉謙信だ。大勢の人が謙信に対して、〝義〟のイメージを抱く理由の1つは、こうした「過去の権威」を非常に大切にしていたところにある。

ただ、果たして謙信は〝義〟などという素朴な理由だけで、形骸化している権威を大切にしたと言い切れるだろうか。どんなに形骸化していても、基本的な心理として人間は権威には非常に弱い。そこを謙信は巧みに利用したと考えることもできるだろう。

現代社会でも、同じような場面はよくある。初めて会った人から有名企業の名刺を出され

※②晴景［はるかげ］（1509～1553）上杉謙信の兄。父・為景が隠居したことにより春日山城の城主となる。しかし、弟の謙信が栃尾城主となり名声を高める中、謙信に家督を譲ることになる。

※③関東管領［かんとうかんれい］室町幕府が鎌倉公方を補佐するために設置した役職。任命権は将軍にあったが、上杉氏の世襲で担当することが慣例であった。

ると、〝この人は優秀に違いない〟と思い込んでしまうかもしれない。逆に、どんなに優秀な人物でも、聞いたこともない会社の名刺を出されれば、先入観で「さほど仕事ができる人でもないだろう」と勝手に判断してしまうこともあるだろう。

当時の政治、経済、文化の中心は近畿圏であったが、謙信の越後や関東圏、そして東北圏などは、いわば〝地方〟であり、中央の権威に弱かった。現在でも、都心よりも地方の方が、〝権威〟に弱く保守的なところがある。戦国時代も、地方の領主や有力者などは朝廷から官位を貰うため金を積んだり功績の対価として主君に頼んだりと必死であり、その構図は同じであった。そうした意味では、越後近郊の戦国武将たちはまだまだ権威に弱く、足利将軍家とパイプがあったり、関東管領を継承している謙信に対して、争う前から若干の引け目を感じていたはずだ。そんな狙いも謙信にはあった。

※④政治、経済、文化の中心地は近畿圏
関東が日本の中心地となったのは江戸時代以降。それも江戸時代初期は人口15万人ほどで、京や大坂より少なかった。だが、3代将軍家光が参勤交代を義務付けたことで武家人口が急増。武家屋敷をはじめ、町人区域、寺社区域などが整備された結果、18世紀半ばの人口は100万人に達していたと考えられている。

用意周到だった〝義〟のイメージ戦略

もう1つ、謙信の〝義〟のイメージを強くさせる要因として言われているのが、「私戦」はしないという点である。

侵略戦争どころか自衛戦争もしない。謙信が戦争をするのは、自分たちの都合ではなく、あくまで他者から救援を頼まれたときのみだったとされている。その代表例が武田信玄との川中島の戦いと、北条氏と争った※⑤関東遠征だ。

川中島の戦いは、信玄に敗れた北信濃の村上義清《むらかみよしきよ》らが、謙信に協力を要請したことではじまった。一方、関東遠征は、関東管領である山内上杉氏の要請のもと、北条氏と戦った。ただ、どうもこれらの戦いへの参加理由が〝義〟だけのものとは考えづらい。

信玄に信濃国を獲られては、次は越後が危なくなる。その前に近隣地域での信玄の力を削いでおきたいという、いわば領土防衛の要素が川中島の戦いにはあった。村上義清らに頼られずとも、結局は信玄と戦うことになっていただろう。

さらに、関東遠征には、もっと残酷な現実がある。謙信が関東に遠征するのは、主に晩秋であった。

なぜわざわざ秋を選んだのか。

それは、農期を終えた関東に、略奪の目的から遠征をしていたのではないかとも考えられている。さすがに、

「今から略奪目的で戦争をはじめます」

と宣言しては、戦国時代であろうと格好がつかない。しかし、謙信には〝義〟のイメージがある。当然、周囲から反発されることはなかった。

※⑤関東遠征
関東管領の上杉氏に援助を求められたことで、関東の北条家を攻撃。対立は10年に及んだ。1561年には、北条家の本拠地である小田原城を包囲している。

要は、〝謙信＝義〟のイメージを強化し、戦う名目としても上手く利用したのだ。謙信の義は、単純な〝無私の志〟とは違っていた。この義を旗印にしたことで、謙信は味方を鼓舞し敵将を畏怖させることに成功したのだ。結果を見ると、彼のイメージ戦略は見事に成功していたと言えるだろう。

謙信が演出した毘沙門天パフォーマンスの数々

現実的に可能かどうかは別として、ここまでイメージ戦略に徹することができるトップであるならば、部下や取引先、さらにはライバル会社にも効果的に影響を与えることができる。人が羨み敬意を抱くような理想像をつくりだし、そのイメージが実像であるかのように演出する。そんなイメージづくりのプロがトップなら、他の〝うまい手〟を考えることにも能力を発揮するはずだ。

謙信も同じで、〝義〟のイメージ以外にも、自らを〝毘沙門天の化身〟※⑥と称することで、部下の心を掌握していた。

現在よりも神仏への信仰に敏感であった戦国時代、軍神〝毘沙門天の化身〟をトップに持つ軍隊であるならば、兵士たちも自信を持ったはずだ。それを心得ていた謙信は〝毘沙門天

※⑥毘沙門天
［びしゃもんてん］
勇壮な姿から武道の神として崇拝された。日本では七福神の1つとして、勝負事にご利益があるとされている。

の化身〟を演出して部下の士気を高めるために、数々のパフォーマンスを披露している。

まず、関東遠征で小田原城《おだわらじょう》を包囲したときは、白頭巾を身に付け颯爽《さっそう》と馬を乗り回すと、城の大手門前に腰をおろし弁当を食べ始めた。この謙信の挑発に、北条兵は憤懣。鉄砲でさんざんに撃ちつけたが、謙信は涼しい顔で弁当を食べ続け、一発の弾丸も当たることがなかったという。この謙信の大胆で神がかった行動は、「さすが毘沙門天の化身だ」と味方の兵を大いに励ましたと言われている。

また、真実かどうかは別にして、※⑦川中島での武田信玄との一騎打ちのエピソードも有名だ。こうした逸話を見ると、謙信は他の大将のように最後方に陣取っているタイプではなく、先頭で武器を振りまわすタイプだと見なされていたようだ。

謙信が討たれてしまえばすべてが終わってしまう。そのため、本来これらの行動は一国のトップが行うべきではないが、〝毘沙門天の化身〟を演出するためには、非常に有効であったことだろう。

さらに、軍を区分けするときは、自ら馬で軍の中を縦に割って入り、そこで左右に割り、続いて横から割り込む。そのようにして、いくつかの部隊を編制させたという逸話も残っている。

この方法、絵にはなるが、軍法のもと家臣の意見に耳を傾け軍を編成させた武田信玄とは、

※⑦川中島での武田信玄との一騎打ち
1561年9月10日に起きた第4次川中島の戦いにおいて、馬上から切りかかる謙信の刃を、武田信玄が軍配で受け止めたというエピソードのこと。ただ、この合戦を記した武田上杉双方の史料に食い違いがあり、さらに史料の信憑性も疑われているため、残念ながら史実とは言いがたい。

まったく違うやり方である。どう考えても、信玄の方が現実的には優れているだろう。ただ、部下たちへ自らを〝毘沙門天の化身〟と信じ込ませる謙信の演出の1つと考えれば、その行動も理解はできる。

イメージ戦略のためのパフォーマンスこそが、上杉謙信の神髄であった。今でも多くの歴史ファンに謙信は〝義〟のイメージや神がかり的に戦争がうまかったという印象を持たれている。その戦略は、現在まで効果が残っているようだ。

上杉謙信の処世術

優れたリーダーほど、綿密な自己演出を行っている。日々の行動で理想の自分を演じて、パフォーマンスでそれを固める。そうして実力以上のイメージをつくれば、対人関係で優位に立てる。

【藤堂高虎の処世術】

自身を成長させるために積極的に環境を変えるべし

藤堂高虎（1556～1630）
近江国出身の武将。伊勢（三重県）津藩初代藩主。何度も主君を変えたことは有名。優れた軍事指揮官であると同時に加藤清正に並ぶ築城の名手でもあった。

七度主君を変えねば武士とは言えない

以前よりはずいぶんと、日本でも転職を前向きなこととして評価する声が増えているが、それでも定年まで一社に勤め通す〝終身雇用〟を理想とする考え方は根強い。

そんな〝終身雇用〟の観点から見れば、戦国時代に何度も主君を変えた藤堂高虎《とうどうたかとら》は、あまり評価されない人物かもしれない。

近江国《おうみのくに》の土豪の家に生まれた藤堂高虎は、はじめ浅井長政※①に仕えた。しかし、浅井家が姉川の戦いで織田、徳川の連合軍に敗れると、今度は近江の土豪・阿閉貞征《あつじさだゆき》のもとで働く。た

※①浅井長政
［あざい　ながまさ］（1545~1573）
織田信長の妹であるお市の方を妻として、織田家と同盟を結び、浅井家の全盛期を築いた。しかし、信長を裏切ったことで本拠地・小谷城を囲まれ、自害した。

だ、すぐに阿閉家を離れ、同じ近江の土豪・磯野員昌《いそのかずまさ》に仕えた。しかし、土豪レベルの配下になっても活躍の場は限られてしまうと判断した高虎は、その後、織田信澄[※②]に仕えた。ここではいくつかの戦功を挙げたことで重宝されるが、再び出奔する。

次に仕えたのは羽柴秀吉の弟・秀長[※③]。高虎は秀長に非常に信頼され、15年仕えたが、その秀長が病気で亡くなる。続いてはじめは秀長の養子・秀保《ひでやす》の後見人になるが、その秀保もすぐに亡くなった。主君を亡くした高虎は、豊臣秀吉の直属の家臣となったが、秀吉が亡くなるとすぐに徳川家康に接近。最終的に落ち着いた江戸幕藩体制下で、藤堂家は27万石を与えられ、幕末まで続くことになる。

〝主君に忠節を尽くす〟という考えは、江戸時代の支配体制下でつくられた思想であり、戦国時代には〝主君が無能であれば他家へ行く〟ということが、悪いこととはされていなかった。しかし、さすがに高虎くらい主君を変えた人物は戦国時代でも珍しかった。そんな高虎は、

「武士たる者、七度主君を変えねば武士とは言えぬ」

との言葉を残している。

この言葉に抵抗感を抱く方も少なくないかもしれないが、高虎は転職を繰り返すことで、結果として近江の土豪から一国一城の主へとのぼりつめている。

※②織田信澄
［おだ のぶすみ］
（生年不詳～1582）
織田信長の甥。父は謀反の疑いで信長に殺されたが、信澄は許され信長の臣下となった。信長と親戚関係にあったものの、光秀の娘婿となっていたため、本能寺の変の報復として従兄弟の信孝に殺害された。

※③秀長［ひでなが］
（1540～1591）
豊臣秀吉の異父弟。秀吉の補佐官として、兄を助けた。秀吉の天下統一後は、大和の国などを与えられ、従二位権大納言となったことから、大和大納言と呼ばれるようになった。

部下へも転職を推奨

「武士たる者、七度主君を変えねば武士とは言えぬ」との言葉を残した高虎だが、主君を変える〝転職〟について、本当に後ろめたい気持ちはなかったのだろうか。意地の悪い見方をすれば、開き直っただけの発言にも思えなくない。

だが、高虎は開き直っていたわけではなく、本当にそう考えていたようだ。そのことを自身の部下への対応で証明している。なんと、自身の部下へも転職を推奨していたのだ。

そもそも、高虎は優秀な人物のリクルーティングに非常に積極的であった。有能な人物を配下にするためには、金に糸目はつけなかった。

しかも、そこまでして配下にした者が藤堂家から他家へ移りたいと申し出ると、文句も言わず、別れの茶を点てて佩刀※④まで授けている。大金を使って召し抱えた配下であるならば、嫌味の1つでも言いたくなりそうだが、そういうことを高虎はしなかった。さらに、

「もし新たな主君に満足できなかったら、いつでも戻ってくるように。その時は今と同じ禄高で召し抱えよう」

と気持ちよく送り出している。

※④佩刀［はいとう］
腰に帯びる刀のこと。実用的なものはもちろん、儀礼用に装飾された豪華な刀を贈ることが戦国時代はよくあった。

そんな高虎の配下には、彼の言葉に甘えた〝出戻り組〟が非常に多かった。部下の転職に寛容だったことから、高虎は主君を変えることを決してマイナスなことと感じることはなく、あくまで前向きな転職と捉えていたことが窺えるだろう。さらに〝出戻り〟にも寛容であったことは、転職を繰り返した高虎自身が、

「そんな主君であるならば、ぜひ仕えてみたい」

と考えたのかもしれない。

現在の優れた経営者でも、〝出戻り〟に寛容な人物はなかなかいないのではないだろうか。

転職は成長欲求の表れ

さらに、藤堂高虎という人物を見ていきたい。

結果的に徳川家康という人物の力量を見越せたことで、地方の土豪でしかなかった藤堂高虎は一族を繁栄させることに成功した。[※⑤]

ただ、高虎が出世できたのは、単に世渡りが上手かったからではない。彼は非常に優秀な戦国武将でもあった。そもそも優秀でなければ、いくら高虎が転職を願いでても先方から断られてしまうだろう。

※⑤一族を繁栄させることに成功した
高虎が基礎を築いた藤堂家は幕末まで存続し、明治期にも知藩事を務めた。その転機となったのが、幕末に新政府軍と幕府軍が衝突した鳥羽伏見の戦いである。藤堂軍は幕府軍として参加していたが、情勢を鑑みて新政府軍に寝返り。この裏切りによって幕府軍は足並みが崩れ大敗を喫した。幕府側からは「高虎の子孫らしい振る舞いだ」と非難されたが、この転換によって、幕末の動乱を藤堂家は生き延びることができた。

では高虎はどのような点で優れていたのか。筆頭にあがるのが、戦国時代屈指の築城の名人であったことだろう。

生涯で20件以上の築城に関わった高虎だが、代表的なものに、伏見城、宇和島城《うわじまじょう》、江戸城、今治城《いまばりじょう》、二条城などがある。戦国時代は山城が中心であったが、高虎は平地に城を設け、さらに多くの城には、※⑥城郭内に港も造っている。港があることで、交易には非常に有利になるのだ。非常に近代化された城郭を高虎は造りあげているのだ。

そして戦場でも、6尺2寸（約188センチ）という当時では桁はずれの肉体を生かし、多くの武功を挙げている。日々の武術の鍛錬を怠らなかったという。

さらに文字は苦手であったが、自身の仕事が終わると、屋敷に儒学者、茶道の巨匠、さらに呉服商など各分野の第一人者を呼び、その話を聞くことで多くの知識を身に付けた。これは、高虎が亡くなるまで続いた。

高虎の勤勉さを物語るエピソードとして有名なのが、関ヶ原の戦い後の石田三成への対応だ。敗れて捕らわれていた三成に対し高虎は、

「関ヶ原で、藤堂軍の問題点は何か感じたか」

と聞いているのである。捕らわれている三成を嘲笑する者も少なくなかった中、高虎の態度は非常に礼儀正しかったという。しかも、勝ったことに驕《おご》らず、破った相手にアドバイス

※⑥城郭内に港も造っている
藤堂高虎は、築城する際に、城下町の設計をも考えて行っていた。高虎が築城した今治城は、海から堀へ直接船で入ることができる。当時は山城が多かったが、水運の重要性に着目していたからだと言われている。

を求めているのだ。三成もこの高虎の態度に感服し、

「藤堂軍の鉄砲隊は、まとまりに欠けていた」

とのアドバイスを送る。このアドバイスを受けて高虎は、すぐに自身の軍を再編成した。

破った相手にもアドバイスを求めるなど、勝ってなお多くの知識を吸収しようとした高虎。これらのエピソードから、彼が貪欲な上昇志向を持つ人物であったことが窺える。高虎は〝現状〟に満足するようなタイプではなく、常に自分を成長させようと努力する人間だったのである。

藤堂高虎の処世術

1つの職場に最後までしがみついている必要はない。環境を変えることで、自分がさらに成長できる可能性がある。そうした転職ならば、むしろ積極的に行うべきである。

【前田利家の処世術】
律義者との評判は何をおいても得ておくべし

前田利家（1538〜1599）
尾張国出身の武将。織田信長の親衛隊・赤母衣衆（あかほろしゅう）の1人。信長死後、柴田勝家と行動を共にしていたが、のちに秀吉に従い豊臣政権の天下を支えた。

秀吉に最後まで頼られた前田利家

組織に必要なポジションは何もトップだけではない。ナンバー2と言われるポジションも非常に重要である。

ナンバー2に必要なことは何なのか。戦国時代、前《まえ》田《だ》利《とし》家《いえ》は意識的にナンバー2のポジションを選ぶことで乱世を乗り切った。その人生を見てみたい。

前田利家は１５３８年に尾張国に生まれ織田信長に仕えた。※①一度は織田家から追い出されてしまい浪人生活を送るも、他の戦国大名に仕えることなく再び織田家へ戻った。このこと

※①一度は織田家から追い出され……信長の異母弟である拾阿弥ともめ事を起こして、斬殺してしまったことから、織田家を離れることになる。追放中に起きた桶狭間の戦いには信長の許可を得ずに勝手に参加している。

から、戦国時代には珍しい〝律義者〟と評判になる。秀吉が天下を統一すると五大老※②の1人として支え、豊臣政権ナンバー2の地位までのぼりつめた。

豊臣秀吉と前田利家は若い頃から親交があり、織田信長配下時代は家が隣同士であった。秀吉の妻・おね※③と利家の妻・まつもとても仲がよく、利家とまつは子のできなかった秀吉夫婦へ娘※④を養女として渡している。

そんな利家の人生で、もっとも大きな決断を迫られたのが、賤ヶ岳《しずがたけ》の戦いであろう。信長が討たれた後、織田家筆頭家老であった柴田勝家と、信長の弔い合戦を成功させた秀吉のどちらが勝つかという戦いである。

秀吉と古くから仲が良かった利家だが、勝家との仲も良好であった。ただ、合戦が起きたときは北陸地方に進出していた柴田軍のもとにいたため成り行き上、勝家に従うことになる。しかし、秀吉との争いを避けたかったのか、戦いの途中で利家は自城の北ノ庄城《きたのしょうじょう》へ引き上げてしまう。結局、利家のこの行動が戦況に大きく響き、勝家は敗北してしまった。

軍を引き上げる勝家は北ノ庄城に寄り利家と面会。だが、その状況下でも勝家は利家を責めたりはしなかったという。さらにその後、秀吉が北ノ庄城を訪れた。ここで親友に説得された利家は秀吉に従うことを決意する。

秀吉が単身で北ノ庄城へ乗り込み利家を説得したことは、大胆なエピソードとして取り上

※②五大老
豊臣政権下で政務にあたった有力大名。徳川家康、前田利家、宇喜多秀家、上杉景勝、毛利輝元、小早川隆景。小早川隆景が1597年に病没すると、秀吉の遺命に従い、残り5人を指して五大老と呼ぶようになった。

※③おね
（1548～1624）豊臣秀吉の正室。ねねとも言われる。1585年、関白の妻として朝廷から北政所の称号を贈られた。秀吉が下級武士の頃から支え、秀吉死後は落飾して高台院と称した。家康によって豊臣家が滅ぼされた後も生き続け、徳川家と良好な関係を築いた。

げられることが多いが、逆に見れば、律義者の利家が決して単身の自分を討つような卑怯な真似をしないと確信していたのかもしれない。さらに言えば、そんな利家は勝家に対しても、袂《たもと》を分け敵となることをわかっていながら手を出さなかった。

ときは戦国時代である。〝合戦の主人公であるこの2人を討ってしまえば、自分にチャンスがまわってくるのでは〟と利家の脳裏に野望がよぎってもおかしくはない。しかし、利家は2人を討たなかった。これがまた、利家は〝律義者〟であるという評判につながった。律義者は裏切ったりしない。その信頼から、利家は豊臣政権下でナンバー2のポジションを獲得することに成功したのだ。

家臣にも〝律儀〟を求める

しかし、前田利家は本当に評判通り律儀者であったかどうか。冷静に考えてみれば、柴田勝家を見捨てているのだから、心の底から律儀であったとは言い難い。

ただ、律儀者という看板を持つことで利家は、豊臣政権下で秀吉に次ぐポジションを得た。ナンバー2として認められるためには、本当に律義者でなくとも、少なくともその看板は掲げていなければいけないのだろう。やはり、部下にするなら律儀で真面目、裏切らない者を

※④娘を養女
養女となったのは豪姫。豪姫は宇喜多秀家の妻となるが、関ヶ原の戦いで秀家が西軍方となり、戦後は八丈島へ流されると、実兄の前田利長のもとへ逃れた。

誰でも選ぶだろう。

それをよくわかっていた利家は、自分が秀吉に求められるのと同じように、部下が自分に〝律儀〟であることを要求した。

利家は古くから仕える家臣と新しく家臣になった者に待遇の差をもうけていた。出世する前から律儀に支えてくれた家臣の〝義理〟を評価したからだといわれている。

また、子どもたちには、

「心がけることは第一に嘘をつかないこと。疑わしいこともしないこと。律儀であること。嘘をつけば本当のことを言っても信じてもらえなくなる」

と語っている。

そして、戦国時代や江戸時代は部下を監視する部署を設置するのが一般的であったが、利家はこの制度を用いなかった。その理由は、

「家臣、1人ひとりが心を引き締めていれば必要がない」

というものであった。これは部下のことを〝律儀者〟であると信じぬかなければ行えないことである。

自らだけでなく、周囲の者にも〝律儀〟であることを求めたといえば、堅いイメージを持たれる方もいるかもしれないが、利家は茶の湯で家臣をもてなしたり、家臣に面白い話を競

※⑤気さくな面
若い頃から武勇に優れ、義理にあついと評判だった利家は、他大名からも慕われていた。秀吉の部下大野治長でさえ、秀吉よりも利家の方が人望があると評したという。秀吉死後、石田三成ら文治派と加藤清正ら武断派の争いの仲介役を務めたのも利家だった。

わせその褒美として金銭や衣類などを与えることもあり、※⑤気さくな面もあった。

財テクのスペシャリスト

さらに、ナンバー2として重要なことは、お金の使い方である。

前田利家は、戦国武将には珍しく経済感覚を持っていた。なんと当時日本に入ってきたばかりの算盤が得意で、利家自身が前田家の決済を行っていたというのだ。※⑥彼が使用したとされる算盤は現在も残っており、これは現存するものの中でもかなり古い。

そんな財テクぶりは信長配下の頃から現れており、しっかりと貯蓄にも励んでいた。その資金をもとに天下人となった豊臣秀吉を大接待している。

このとき、秀吉のために御成門《おなりもん》と御成書院《おなりしょいん》を新築。さらに一流の刀剣、馬、着物、布類、銀を献上した。この豪華な接待に満足した秀吉の計らいで、利家は従三位《じゅさんみ》権中納言《ごんのちゅうなごん》に昇進、さらに次男の利政《としまさ》も昇進、家臣へも官位が推挙され、大きな成果を挙げた。

上司に対して惜しみなく金が使えることも、ナンバー2としては、非常に重要なことのようだ。

ただ、貯蓄に励む利家を妻のまつは快く思っていなかったようだ。信長が討たれ、利家よ

※⑥彼が使用したとされる算盤
１５７０年頃に中国から日本へ伝わった算盤をいち早く手に入れたのが前田利家だった。彼が使った算盤は陣中そろばんと言われており、東京都目黒区にある前田育徳会に保存されている。玉は獣の骨、けたは銅板で作られている。現存する最古の算盤だと見なされてきたが、２０１４年夏にのそろばんより１年古いものが発見された。

りも出自が良いとはいえない秀吉が台頭し始めたとき、

「財産を蓄えるより、１人でも多くの家臣を召抱えればよかったのに。金銀を引き連れて槍でもつかせなさい」

と痛烈な嫌味を言い、利家に金銀の入った袋を投げつけたという。

これは利家を発奮させるための行動だったとの見方もあるが、まつから見れば、もともと隣の家に住んでいた秀吉の勢いにどんどん離されてしまった利家を、はがゆく感じていたのも事実であろう。

律義者の評判を得るのもなかなか大変である。

前田利家の処世術

裏切らない、信頼できるという評判はビジネスの上で何よりも強みになる。相手にいい印象を与えるには、どう行動すればよいのか。日頃から常に意識して「誠実」であることを心がけるべきである。

【細川幽斎の処世術】

乱世を生き抜くために自分だけの武器を持つべし

細川幽斎（1534 ～ 1610）
京出身の武将・文化人。織田信長ら有力者に仕えた。武芸に優れ、和歌や茶の湯などの公家文化にも精通する当代一流の文化人でもあった。

先頭には決して立たない

前田利家の項でも述べたが、何もトップになることばかりが生きる道ではない。トップになっても思い通りにならないことばかりだし、判断を誤れば組織を危険にさらすことになるかもしれない。責任の重さがまったく違うのだ。特に合戦や裏切り、暗殺など、死の危険が身近にあった戦国時代のリーダーたちは油断が許されなかったことだろう。

そんな陰謀渦巻く戦国の世で、決してトップにならなかったのが細川幽斎《ほそかわゆうさい》（藤孝《ふじたか》）だ。

幽斎は、〝無害〟であることをアピールして生き抜いた、したたかな男である。

名門・細川家に生まれた幽斎は、各地を転々とした後、織田信長・豊臣秀吉・徳川家康と3人の有力者に仕えた。

そんな百戦錬磨の天下人たちと上手く付き合うため幽斎がとった作戦が、決して目立つポジションには立たないこと、つまり、〝何もしないこと〟だった。在世中、最高権力者の近くにはいたが、政治や戦場で彼が中心になって何かを行ったことはない。

だったら単に目立たない無能な男だったのではないかと思う方もいるかもしれないが、それは間違っている。そもそも、部下に厳しい信長や、人たらしの秀吉、思慮遠謀の家康に仕え戦国時代を生き抜いた幽斎が無能であるわけがない。むしろ、乱世を生き残るにはどうすればいいかきちんと計算した上で、目立たないことに徹していたのだ。

例えば、服装や持ち物は質素で地味であり、兜や鎧も黒を用いた。※①傾奇者と呼ばれるような派手な格好がもてはやされた戦国時代では異色の存在といっていいだろう。

戦働きも目立たないが、実は他の荒武者に負けない豪傑《ごうけつ》で、牛車の牛の角を握って後ろに押し戻してしまうほどの怪力の持ち主であったとのエピソードが残っている。

さらに※②塚原卜伝から剣の手ほどきも受けているというのだから、戦場を駆け回れば大きな功績をあげることもできたはずだ。にもかかわらず何もしなかったのはなぜなのか。

自らの力量を誇示し成功すれば、有力者の目に留まり出世も早いかもしれない。しかし、

※①傾奇者［かぶきもの］
色鮮やかな女物の着物をマントのように羽織ったりした派手な身なりをして、常識を逸脱した行動に走る者たち。都市部で流行した異風を好んだ。

※②塚原卜伝
［つかはら ぼくでん］
（1489〜1571）
戦国時代の兵法家。鹿島

目立つポジションは失敗したときのダメージも大きく、知らないうちに多くの敵をつくってしまいかねない。

また、仕事が出来すぎれば上司に、

「自分の地位が狙われるかもしれない」

と不安を抱かせ、圧力をかけられることになるかもしれない。

そんなおおげさな、と思われる方もいるかもしれないが、いつ裏切られ命を落とすやもしれないと皆が警戒していた戦国時代である。そんな時代の空気を読んで、能力をアピールするために目立ったことをしようとは決してしなかったのが幽斎だった。能ある鷹が爪を隠し続けた人生であった。

教養で乱世を渡り歩く

だが、目立つことをしなかったと言っても、幽斎が生き残るために何もしなかったわけではない。彼は戦国武将随一の教養を武器に、乱世を渡りぬいたのである。

もともと、幽斎は和歌の技法や作法の他にも、茶の湯、能の舞台、※③矢作、鏑矢《やぶさめ》、※④弓馬軍礼にも精通していた。とにかく、しきたりには凝っていたのだ。戦国武将の中では、第一の教

新当流を開いた。弟子には諸岡一羽、真壁氏幹、斎藤伝鬼房らがいる。また、足利義輝や北畠具教にも剣術を指南した。

※③矢作［やはぎ］
竹に羽をつけた矢を作ること。古代の律令制のころから、矢作を専門職とする矢作部［やはぎべ］がいた。

※④弓馬軍礼
幽斎は「武田流」という弓術・馬術・礼法の流派を引き継いだ。武田流は清和源氏の流れをくみ、現在にまで伝わっている。

養人であったことは間違いない。

また、料理も得意[※⑤]でマイ包丁を所持していたほどである。

対して信長、家康は東海地方の小大名の出であり、秀吉にいたっては農民とも足軽ともつかない身分から天下人になった人物である。京での公家相手にどのようにふるまえばいいのか、彼らは不安を持っていた。

「あいつは天下を握っているが、礼儀も学問も知らない田舎者だ」と陰口を叩かれることもあっただろう。そんな中、幽斎の存在が彼らにとって非常に頼もしかったことは間違いない。

頼りにされれば調子に乗って、政治の進め方や人事など自分の得意分野以外にも、意見を述べたくなる。その意見が気に入られればさらに頼られるようになり、自身のポジションもアップすることだろう。しかし、幽斎は余計なことはしなかった。尊敬されているものの、決して出すぎたマネはしないのが幽斎の処世術であったのだ。

天下人たちにとって、〝無害な知識人〟ほど付き合いやすい人物はいなかったであろう。

出家して危険を回避

※⑤料理も得意
鯉を一口食べれば、どこで獲れた鯉なのかもわかったほどの食通でもある。

幽斎にとって、もっとも大きなピンチは、本能寺の変であった。苦楽を共にしてきた明智光秀が主君・織田信長を討ったことで、厳しい選択を迫られることになったのだ。というのも、幽斎の嫡子・忠興※⑥のもとへ光秀の娘・ガラシャ※⑦が嫁いでおり、両家は縁戚関係にあった。そのため、光秀は幽斎が味方になってくれると期待していたようだ。

しかし、幽斎は冷静であった。このとき、毛利家を倒すため中国地方へ遠征していた羽柴秀吉のもとへ援軍に向かうところであったが、すぐに引き返し宮津城《みやづじょう》へたてこもった。そこで幽斎は髪を落として出家してしまったのだ。これは、武将としては引退を示すことでもある。むろん、光秀の要請を断るための行動であった。

あわてた光秀は、

「味方してくれれば、嫡子・忠興に摂津《せっつ》、若狭《わかさ》を与える」

と説得するが、これも拒否。忠興は逆にガラシャを幽閉し、光秀に味方しないことを明確にした。

もし、この場面で縁戚関係を重視して光秀に味方していれば、細川家はここで滅んでいた可能性が高い。現代でも、親戚関係や友人関係、職場の人間関係の中で、乗り気のしないことを頼まれることもあるだろう。そんなときは幽斎のように、たとえ断るのが難しくても、

※⑥忠興［ただおき］
（1563〜1645）
父は細川幽斎。豊臣政権下では、小牧・長久手の戦い、朝鮮出兵などで活躍。関ヶ原の戦いでは東軍方となり、その功績から、肥前熊本を与えられた。

※⑦ガラシャ
（1563〜1600）
明智光秀の三女。細川忠興の正室。1600年、忠興が徳川家康に従い上杉討伐へ向かうと、石田三成は大坂にいたガラシャを人質にしようと動いた。だが、ガラシャは三成に従わず、家老に介錯をさせて命を絶った。

はっきりと自分の意見を言った方が得策であるはずだ。

幽斎は、ここぞというときの判断を誤らなかった。また、政治的能力や武力など戦国時代の世を生き抜くのに必要な能力を持ち合わせていたが、実力者と競争するのではなく、〝教養〟を武器に上手く取り入り高い地位を手に入れることで、乱世を生き抜いた。そうした〝時勢を読む力〟があったからこそ、細川家は存続することができたのだろう。

その後、細川家は江戸時代、明治、大正、昭和を経て第79代内閣総理大臣・細川護熙※⑧を輩出することになる。

細川幽斎の処世術

自分の居場所を見つける方法は、なにも戦うことだけではない。戦いを避けて他人にはない長所を磨き、自分だけの居場所を手に入れることも立派な処世術である。

※⑧細川護熙［ほそかわ もりひろ］（1938～）肥後細川家18代目当主。幽斎から数えると19代目。熊本県知事、内閣総理大臣を務めた。

【山内一豊の処世術】

恩を売ると決めたらまっさきに手を挙げるべし

山内一豊（1545～1605）
尾張国出身の武将。初代土佐藩主。織田信長に仕え、秀吉の配下として北陸地方での戦で功をあげた。妻の千代の内助の功は有名。

全てを投げ捨てる覚悟

大きな決断をするときは、誰しも不安である。そんなときに、「すべてを捨てて助ける」との言葉をかけてもらえれば、これほどうれしいことはないはずだ。

関ヶ原の戦い直前の徳川家康も、大きな決断を迫られ、後押ししてくれる武将を求めていた。家康は石田三成と対決するという宣言を小山※①（現在の栃木県小山市）で出すが、この会議に参加するメンバー全員が、家康に従ってくれるという保証はない。多くの武将が家康の考えに従わず、離脱する可能性だってある。そうなれば家康は、三成と戦う前に自滅するこ

※①小山［おやま］
上杉景勝の討伐に向かった徳川家康が、石田三成挙兵の報を受けて、下野国小山城外の仮陣所で諸将を集めて軍議を開いた。この場で福島正則や山内一豊が徳川方となることを表明し、東軍は結束力を高めた。

とになるのだ。

小山会議の冒頭、まず家康方に味方するとの意向を示したのは、福島正則である。続いて、大きな声で、

「家康殿に自分の城（掛川城※②）を明け渡す」

と宣言したのが、山内一豊《やまうちかずとよ》であった。

城を明け渡すということは、〝資金、食糧を自由に使ってくれ〟という意味である。東海道にある掛川城が家康のものとなれば、移動に苦労することがなくなる。しかし、一豊はすべてを失うことになり、もはや浪人身分とも変わらなくなるのだ。戦国武将としてこれ以上にない大きな決断である。わかりやすく言えば、

「自分はホームレスになるが、マイホームも財産もすべて渡すから自由に使ってくれ」

と言っているようなものなのだ。

この思い切った決断に家康は感激する。他の諸将からも、歓声が挙がり、我も我もと同調した。家康は、このときに自身の勝利を確信したという。

家康が用意した驚きの恩賞

※②掛川城
［かけがわじょう］
もとは家康の重臣である石川家成が城代を務めていた。１５９０年の小田原征伐後、家康が東海から関東へ移ったため、代わりに山内一豊がこの城に入った。

山内一豊は1545（天文14）年生まれ。

若くして父と兄を亡くし流浪の身となった後、織田信長、羽柴秀吉に仕えた。派手な活躍はないものの、堅実に功績を重ねたことで周囲から〝律義者〟と呼ばれ、関ヶ原の戦い直前には掛川城の城主となるほど出世を遂げていた。一豊と妻の千代※③の生涯を綴った小説『功名が辻』が、仲間由紀恵主演でNHK大河ドラマとして放映されたため、ご存知の方もいるだろう。

小山会議後、山内一豊は、東軍の先陣として福島正則らと岐阜城を攻め落とす。関ヶ原の戦い当日は、西軍方の毛利家と長宗我部家をけん制する役目であった。ただ、両軍が動かなかったため、戦闘は起こらなかった。

実戦での功績のなかった一豊は、戦後の論功行賞で、さほどの恩賞があるとは思われていなかった。

しかし、現実は違った。

なんと土佐※④一国が与えられ、関ヶ原の戦いでもっとも大きな恩賞を受けた武将の1人となったのだ。

恩賞の理由は、小山会議において、諸将が家康に城を受け渡すという流れをつくったからである。戦闘行為で華麗に敵をなぎ倒すこと以上に、「従うならば全てを捨ててまでもつい

※③千代
（1557～1617）山内一豊の正室。夫・一豊を献身的に支えた様々なエピソードが残っており、司馬遼太郎が『功名が辻』に描いている。

※④土佐［とさ］
現在の高知県。長宗我部家の本拠地であったが、関ヶ原の戦い後に山内一豊に与えられ、幕末まで山内家の所領となる。

ていく」という一豊の姿勢を家康は評価したようだ。

一豊にとっても、「全てを捨ててでも従う」という姿勢を見せることは、非常に大きな決断であったはずだ。

アイディアを奪った律義者

ただ、この「城を明け渡す」という考えは、山内一豊のオリジナルではない。

会議へ向かう途中、一豊は遠江浜松12万石の若き領主・堀尾忠氏※⑤と出会った。

忠氏は一豊に、

「今日の会議で家康殿は、石田三成を討とうと宣言するでしょう。そうなれば、私は城を明け渡して、自由にお使いくださいと言うつもりです」

と打ち明けた。これに対して一豊は、

「それは立派な考えです。家康殿もさぞ喜ぶはずです」

と賛同する。

しかし、いざ会議がはじまってみると、「城を明け渡す」ということを、最初に発言したのは一豊であった。

※⑤堀尾忠氏
［ほりお ただうじ］
（1578〜1640）
父は尾張時代から豊臣秀吉に仕えた堀尾吉晴。出雲松江藩の初代藩主。

これに驚いたのは堀尾忠氏である。

そもそも、〝律義者〟と評判の山内一豊が、人の考えを横取りするような人物であるとは思っていなかった。

堀尾忠氏は当時、父から家督を相続したばかりであり、いわば世間に揉まれていない良家の二世であった。

様々な資料から、堀尾忠氏が決して愚かな人物※⑥ではなかったことは推察できるが、山内一豊は信長、秀吉に仕え、ここまで戦国を生き抜いた武将である。律義者と言われていようとも、生き抜くための老獪さはしっかりと持っていたようだ。

「家康殿に自分の城を明け渡す」という一言で勝ち取った土佐国は、山内家が幕末まで治めることになった。

山内一豊の処世術

差し伸べられた救いの手は後になればなるほど印象が薄まる。ここぞという場面に遭遇したら、迷わず決断する。そうすれば、相手から思いもよらない見返りを受けることもある。

※⑥愚かな人物ではなかった
尾張の清洲城を拠点に、福島正則らとともに西軍の城を攻略。その功績が評価され、関ヶ原の戦い後に出雲松江24万石に加増された。

【伊達政宗の処世術】

上役の性格に合わせてキャラクターを使い分けよ

伊達政宗（1567 ～ 1636）
出羽国出身の大名。仙台藩初代藩主。奥州に一大勢力を築いたが、時勢を読んで豊臣秀吉に降伏、のちに家康に従う。一方で家臣を海外に派遣するなど独自の道を模索した。

上司は選ぶことができない

社会人であろうと、学生であろうと、悩みの多くは人間関係にあるのではないだろうか。

特に会社に入った後、そりが合わない上司と仕事をすることになったら最悪だ。会社は選ぶことができる。また、自分と気の合う部下を集めてチームをつくることは、環境や努力次第で出来なくはない。

ただ、上司を選ぶことは、日本社会ではほぼ不可能である。

「あいつさえいなければ、もっとのびのびと自分の実力を発揮できるのに……」

と悔しい思いをした方も少なくないのではないだろうか。

ただ、不可能なことに文句を言ってもはじまらない。現状を受け入れて気持ちを切り替えるなり、何か対策を考えるなりしなければ何も変わりはしないものだ。

戦国時代にも、上司となった人間に振り回され苦労した武将がいた。それでも、衝突を避けながらうまく付き合っていったのが伊達政宗だ。

出羽国《でわのくに》と陸奥国《むつのくに》の戦国大名・伊達氏の当主であった伊達政宗は、東北地方を舞台に数々※①の合戦で勝利して勢力を拡大し、奥州の覇者となった。だが、ときは既に遅く、気づけば豊臣秀吉が天下の大部分を制圧。結局、秀吉の軍門に下ることとなり、秀吉死後は徳川家康に従うことになった。

重要なことは、伊達政宗が自ら望んで秀吉と家康に従ったのではなく、時勢が定まり他に選択肢がなかったから仕方なく従ったということだ。

「もう数十年、自分が早く生まれていれば、天下は自分のものになったはずだ」

政宗には、このような忸怩《じくじ》たる思いがあったであろう。ただ、そうは思っても彼はバカではない。天下の明暗が決まった中で、伊達家を潰さないためにできることは何か。豊臣・徳川体制下でさらによりよいポジションを得るため、何をすればいいのか考え、政宗は動き出したのである。

※①数々の合戦で勝利
奥州の覇権を争う中、伊達政宗は、相馬氏、大内氏、畠山氏、佐竹氏、大崎氏と抗争していた。

秀吉に対しては「豪快」に

伊達政宗と豊臣秀吉のエピソードで有名なものが2つある。

秀吉が北条氏を滅ぼすために小田原城を囲む中、政宗は着陣が大幅に遅れた。政宗からすれば、ここで秀吉の陣へ入れば彼に臣従することとなり、天下統一という野望をあきらめることになってしまう。また、着陣直前にも、秀吉に属していた蘆名氏※②を討っている。秀吉からすれば政宗は敵対しているとしか思えないだろう。

そんなこともあり、政宗が小田原に到着しても秀吉は会おうとしない。これではまずいと思った政宗は、まず前田利家を通じて、

「田舎者で礼儀も知らない。それに教養もないので、千利休に茶の湯を教えてもらいたい」

と願い出る。この申し出を聞いた秀吉は、

「こんな状況なのに度胸がある」

そう認めて興味を持ち、とりあえず会うことにした。

多くの諸侯がいる中、政宗は切腹覚悟の参陣を印象付けるため白装束で登場。パフォーマンス好きの秀吉は、この演出で政宗を気に入った。結局、首を刎ねられてもおかしくなかっ

※②蘆名氏［あしなし］
伊達家と並ぶ東北の戦国大名の雄。1589年に摺上原の戦いで大敗したことで没落した。

た当初の状況をひっくり返し、旧蘆名《あしな》領の没収だけで秀吉から大名として認められることになる。

もう1つが、天下を統一した秀吉から謀反※③の疑いがかけられたときのエピソードである。権力者によくあるいいがかりのようにも思えるが、この当時、政宗はまだ天下統一の望みを捨てておらず、裏では色々と動いていたという話もある。秀吉の方も、機会があれば政宗を取り潰したいと考えていたのだろう。

そんな中、疑いを晴らすために上洛した政宗は、白装束に身を包み、金箔が貼られた十字架を押し立てて登場する。

「どうせ死罪となるならば、この金箔の十字架に磔にしてもらいたい」

とのメッセージであった。

この行動に一般大衆も仰天。結局、謀反の疑いがあるのに、このときも処分は甘く、死罪相当の罪でありながら、石高を半減させられる程度で済んでいた。

秀吉は関白になると、京に邸宅と政務所を兼ねた聚楽第※④を築いている。これは、金箔瓦が用いられるなど、ド派手なものであった。さらに、アジア征服という壮大な夢を実現するため全国の武将を朝鮮に出兵させるなど、基本的には豪快なものが好きだった。そんな秀吉の趣向に政宗が上手く姿勢を合わせたことで、ピンチを切り抜けることができたのだろう。

※③謀反の疑いがかけられた
葛西大崎一揆を蒲生氏郷とともに制圧するも、その一揆は政宗が主導したのではないかと疑われ氏郷によって告発された。

※④聚楽第［じゅらくてい／じゅらくだい］
豊臣秀吉が京に建てた巨大な邸宅。1587年に完成すると、後陽成天皇を招き、諸大名に秀吉への忠誠を誓わせた。1591年、秀吉は甥の秀次に譲ったが、その4年後に秀吉への謀反の疑いで秀次は切腹。秀次の邸宅だった聚楽第も破壊された。

家康にはあくまで「超低姿勢」

豊臣秀吉とのエピソードは、伊達政宗というキャラクターを印象的に描き出している。しかし、そうしたエピソードに残る派手な振る舞いは、相手が派手好きな秀吉のときに限られている。徳川家康が天下人となると、政宗は対応をガラリと変えたのだ。

家康は、関ヶ原の戦いで徳川方に従う見返りとして、政宗に「百万石のお墨付き」を約束しており、現在もこの文章は残っている。ただ、約束通り、家康側に従ったものの、最終的に政宗は百万石を与えられなかった。政宗が家康の許可を待たずに上杉景勝領へ攻め込んだことなどが約束を反故にされた理由だと言われているが、秀吉治世の政宗ならば、とんでもない方法で、自身の領土をアピールしたはずだ。だが、結局、政宗は家康に対して、まったく不満を示さなかった。

さらに、政宗は仙台城[※⑤]を築城する際、天守閣を作らなかった。派手好きな政宗であれば、天下も驚くような天守閣を築いてもよさそうだが、その理由を家康の茶頭であった今井宗薫[※⑥]に書状で説明している。それによると、

「家康殿の支配が発展しているので、強固な城は必要としない」

※⑤仙台城
伊達政宗が築城。幕末まで伊達家の居城であった。築城されて以来、一度も戦火に巻き込まれることがなかった。

という内容であった。

もちろん、宗薫を介して自分の姿勢を家康に伝えようとしていたことは間違いないだろう。非常にわかりやすいお世辞であり、背く姿勢がないことを築城でも証明しようとしている。この気の遣い方からは、大胆不敵な戦国大名といったイメージではなく、何事もぬかりなく上司にアピールする狡猾な官僚といった印象を受けてしまう。

豊臣秀吉と徳川家康、それぞれの天下人に対して、政宗はまったく違った対応を示した。派手さを好む秀吉とは対照的に、家康はシンプルであろうとし、冷静で沈着なことを好んだ。その2人の性格をよくわかっていたのだろう。

結局、秀吉と家康それぞれのキャラクターを理解して行動を起こす、非常に世渡り上手な伊達政宗だったからこそ、家を存続させることができたのだ。

伊達政宗の処世術

自分に合わないからと上司の文句を言っても何も変わらない。ならばいっそ自分が上司に合わせて対応を変える方がいいのかもしれない。譲歩して衝突を避け、働きやすい環境を自分でつくるのも1つの手である。

※⑥今井宗薫
［いまい そうくん］
（1552〜1627）
父は今井宗久。徳川家康の六男・松平忠輝と伊達政宗の娘五郎八姫を婚約させるなど、家康の右腕として働いた。

【竹中半兵衛の処世術】

物事の本質を突き詰めシンプルに職務を全うせよ

竹中半兵衛（1544～1579）
美濃国出身の武将。斎藤龍興に仕えた後、秀吉に従い中国地方攻略に参加。政務を顧みない龍興を諌めるため、弟ら17名を従え、たった1日で城を奪ったという切れ者。

〝本質〟を大事にする軍師

仕事でもプライベートでも、確固たる目標を持つことが重要である。

もし、目標がすぐにぐらつくような不安定なものだったら、長期的な計画を立てることができず、行き当たりばったりの行動ばかりしてしまい、結局、失敗することになる。

「自分の本当の目的は何なのか、そのためには何が必要で何が邪魔なのか」

そうやって物事の本質をシンプルに考えることが、目標達成のためには大切なのだ。

仕事を進める上での最大の目的は、〝任務を遂行して成功させる〟ことであるはず。

しかし、シンプルに物事を進めるのはなかなか簡単ではない。

「派手に仕事を成功したように見せれば、もっと給料が上がるかも」

「仕事の過程で、ライバルが無能であることも一緒に証明できる」

などと、つい余計なことを考えてしまうものだ。

そんな邪念に捉われて、集中力を欠いてしまったという経験がある人もいるのではないだろうか。

そんなときに手本にしたいのが、戦国時代の名軍師であり、豊臣秀吉の片腕として活躍した竹中半兵衛《たけなかはんべえ》である。

竹中半兵衛は、美濃国《みののくに》に生まれ、当初は斎藤龍興※①に仕えていたが、やがて離反。その後は秀吉の参謀として数々の戦いで活躍する。江戸時代の講談や浄瑠璃などには、黒田官兵衛とともに戦国時代随一の軍師として描かれ、〝両兵衛〟の名で親しまれた。また、中国の三国時代の名軍師・諸葛亮孔明※②にあやかり〝今孔明〟とも呼ばれたという。

そんな半兵衛には、黒田官兵衛に〝目的の本質〟を考えさせるアドバイスを送ったというエピソードが残っている。

官兵衛は秀吉から、

「武功を評価し大禄を与える」

※①斎藤龍興［さいとう たつおき］（1548～1573）父は斎藤義龍。美濃国の戦国大名であったが、織田信長に敗れ、朝倉義景のもとへ逃れるも、義景も信長に敗れ、そこで戦死した。

※②諸葛亮孔明［しょかつりょう こうめい］（181～234）中国の三国時代に蜀の劉備に仕えた軍師。内政、外交、軍事など広範な分野に才能を発揮し蜀を支えた。

という誓紙を受け取ったものの、何も沙汰がないことに不満を感じ、半兵衛に愚痴を言ったことがあった。

半兵衛はそこで、

「その誓紙を見せてくれ」

と頼み、官兵衛から受け取ると、そのまま破り燃やしてしまった。

その理由を半兵衛は、

「このようなものがあるから不満が生まれる。不満が生まれれば仕事が鈍《にぶ》る」

と説明した。

並みの武将であれば逆ギレしていたかもしれないが、この言葉に官兵衛は目が覚め、以後も不満を漏らすことはなかったという。

官兵衛を〝本質を見極め、褒美ではなく仕事に生きることができるタイプ〟と見込んだからこそ、半兵衛はアドバイスを与えたのだろう。2人ともそんなタイプであったからこそ、主君である豊臣秀吉に非常に信頼された。

高価な馬は必要ない

竹中半兵衛は、※③出世欲や物欲に興味がなかったと言われている。半兵衛はただただ自身の知略や武略を示すことを最大の喜びと考え、目的にしていたようだ。

当時、多くの戦国武将が領地や朝廷の官職、高価な茶道具など、物欲や出世欲にとらわれて遮二無二働いたが、半兵衛が欲したのは金でも名声でもなく、自分の仕事を成功させることだった。そういった意味では、仕事人というよりは職人に近かったのかもしれない。そんな本質を見極める能力は、馬の選び方にも表れている。

戦国武将にとって※④良馬を持つことは一種のステータスとなっていたが、半兵衛は他の武将とは異なり、上質で高価な馬には興味がなかった。というのも、もし自身の馬が高価であれば、合戦中に敵の首を獲ろうと馬を下りたときに、

「自分の馬は誰かに獲られないだろうか」

と余計な意識が生まれてしまい、せっかくのチャンスをふいにしてしまうかもしれないからだ。

高価で上質な馬にまたがり、周囲に見せびらかせば、話題となって自尊心が満たされることだろう。しかし、半兵衛はそうした振る舞いが見栄でしかないことをわかっていた。見栄を捨ててシンプルに本質を見極め、最大の目的は何かを突き詰める。この場合は、〝武士として戦場で何をすべきか〟を考えることになるだろう。

※③出世欲や物欲に興味がなかった
秀吉が恩賞の約束を記した書状を半兵衛に渡すと、「子が増長するのでうけとれません」とその書状を破り捨てたという。

※④良馬を持つこと
蒲生氏郷が信長から拝領した小雲雀「こひばり」や長宗我部元親の危機を救った内記黒「ないきぐろ」など、見た目が美しく実践でも役立つ馬は戦国武将に愛された。

半兵衛が出した答えは、〝合戦で手柄をたてて勝利すること〟だった。その答えから見れば、馬などは目標達成のための道具でしかない。にもかかわらず、道具に意識がいくようでは、結局は手柄を挙げることなどできないはずだ。

こんなエピソードからも、半兵衛は本質を見極めることに非常に長けた人物であったことが窺える。

幸せな主従関係

前述のとおり、本質を見極めシンプルに「任務の遂行」を最大の目的にできる竹中半兵衛を、秀吉も高く評価した。

残念ながら秀吉が天下を統一[※⑤]する前に半兵衛は亡くなってしまうが、死後に秀吉は、

「半兵衛がいたときは何事でも世に難しいと思うことはなかった」

と懐かしんだと言われている。

上司から見れば、竹中半兵衛ほど頼もしい部下はいない。天下を統一した秀吉だからこそ、そんな半兵衛の本質をしっかりと見定めることができたのだろう。

半兵衛が美濃の斎藤家に仕えているとき、彼は決して重く用いられてはいなかった。斎藤

※⑤天下を統一
豊臣秀吉は1590年に関東の北条家を倒したことで天下を統一した。竹中半兵衛が亡くなってから11年の歳月が流れていた。

家では武骨で荒々しい者が評価されていたが、半兵衛は女性のようにやさしげでもの静かであったため、周囲の武将から評価されていなかったのだ。

しかし、その後の活躍を見れば、半兵衛の能力が高かったことは疑いようがない。見た目に惑わされず半兵衛の能力を見抜いた秀吉にも、本質を見極める能力があったということなのだろう。

よき部下に出会えた秀吉、一方でよき上司に出会えた半兵衛。

非常に幸せな主従関係であった。

竹中半兵衛の処世術

本質を突き詰めシンプルに物事を考えれば目標達成に大いに役立つ。そのためには、いま自分が何をすべきかを常に意識することが重要だ。欲に惑わされずに最大の目標に向かっていくことが成功へと繋がるのだ。

【本多正信の処世術】

周囲への細かい配慮が巡り巡って自分を助ける

本多正信（1538～1616）
三河国出身の武将。徳川家康の重臣。内政・外交両面で家康を支え、2代将軍秀忠にも仕えた。初期の江戸幕府の制度化に尽力するなど徳川家中でも抜きん出た存在だった。

家康がもっとも信頼する謀臣

トップと距離が近ければ、他の者から妬まれたりするものだ。企業であれば、上役の近くにいる社内勤務の者は、現場に出ている外勤の人間から不信感を抱かれることもあるのではないだろうか。こうした不信感は軋轢《あつれき》を生む原因にもなる。そうなると、異なる立場の人間に対して排他的になってしまい、組織の風通しが悪くなってしまう。

例えば、社内にいる人間は職務を全うしているだけでも、

「現場で頑張っている自分たちがいるからこそ、会社はうまくいっているのに。あいつは何

もせずに、上司にうまくとりいっているだけ」

などと現場の人間から陰口を叩かれることがあるかもしれない。中にはあんなやつは追い出してしまえと息巻く者もいることだろう。徳川家康の〝謀臣〟として活躍した本多正信《ほんだまさのぶ》は、まさにそんな立場にあった。

本多正信は少年時代から徳川家康に仕えたが、三河一向一揆※①の際に門徒側となり出奔。松永久秀《まつながひさひで》などに仕官したのち、再び家康の配下となる。一度は袂を分かったものの、権謀術数に長けた正信は家康に非常に評価され、信長死後から本格的に活躍するようになった。

関ヶ原の戦い前後には側近中の側近として家康から数々の相談を受けたし、その後は徳川幕府の基盤づくりにも尽力した。家康に天下を獲らせたといっても過言ではない、名参謀である。

もちろん、家康が正信の高い政治政略能力を評価したのは間違いないが、それ以上に、2人の思考法が非常に似ていたことが、正信が重宝された大きな理由であった。家康と正信はじっくりと話さずとも、2、3の会話でお互いの考えが理解できたというし、そんな2人の仲は〝朋友〟と形容されることすらあったという。耳の痛い意見もずけずけと諫言してくる正信に、家康も参っていたようだが、そんな率直な臣下がいたからこそ、徳川の天下は磐石なものとなったのだろう。

※①三河一向一揆
1563年に起きた西三河全域での一揆。三方ヶ原の戦い、伊賀越えと並び徳川家康の三大危機の1つとされている。

現状維持で妬みを軽減

家康の参謀としてなくてはならない存在だった正信。しかし、戦場で働く他の武将たちからの評判はあまりよくなかった。

確かに、正信は内政や外交で功績を残しているが、戦場での槍働きはほぼ皆無だ。

「関ヶ原の戦いまでの絵を描いたのは正信であったかもしれないが、戦場で家康殿のために命を賭け働いたのは自分たちだ。功績なら自分たちの方が残している」

そんな思いが他の武将にはあったことだろう。

そもそも、家康の配下たちは三河武士団※②と呼ばれ、その結束力は他の大名たちが一目置くほど評価されていた。それなのに、なぜ正信ばかりが気に入られているのか。家康との絆に誇りを感じていた三河武士団にとって、過去に一度、家康から離れた正信が自分たち以上にかわいがられていることは、心情的にも受け入れがたかったのかもしれない。

槍働きで家康を支えた徳川四天王※③の1人・榊原康政※④は、

「算勘定しかできない腹腐者め」

と正信を罵倒。

※②三河武士団
戦国時代でも、特に精強で忠誠心がひと一倍強いとされている。

※③徳川四天王
酒井忠次、本多忠勝、榊原康政、井伊直政の4人の武将。

さらに、同じく徳川四天王のひとりである本多忠勝《ほんだただかつ》は、正信を、

「腰抜けもの」

と呼んでいた。同僚からの人気が非常に低かったことは間違いない。

ここで思い出して欲しいのが石田三成である。

彼も槍働きではなく、財務管理や都市開発などに能力を発揮し、内政家として秀吉の信頼を得た人物だ。正信と同じく、戦場を活躍の舞台としていた一部の武将から目の仇にされていたが、三成は、

「自分は豊臣家のために一生懸命やっているだけ。何も間違いない」

と他者の感情にまったく配慮しなかった。その結果、反三成を掲げる福島正則や加藤清正、黒田長政などが結託して徳川家康に接近。結局、三成は信頼をなくして身を滅ぼし、豊臣の天下もあえなく崩れ去ることになる。

だが、正信は違った。一万石の所領しか与えられていなかった正信は、家康から加増を申し渡されても、

「私には軍功がありません。なぜ受け取れましょう。槍働きのある者に与えて下さい」

と拒否。結局、一万石のみの加増となり、大幅アップは見送られた。

ここで正信が、家康が提示した大幅な加増を受け入れていたらどうなっていたか。

※④榊原康政
［さかきばら やすまさ］
（1548〜1606）
上野国館林藩の初代藩主。徳川家康が若い頃から小姓として仕えた。小牧・長久手の戦いで活躍するも、関ヶ原の戦いでは徳川秀忠軍の軍監となったため、本戦には間に合わなかった。

さらに周囲の反発を招き、自分の立場を危うくすることになっていただろう。それを見越した正信は、給料アップを拒否することで、他者の妬みをやわらげようとしたのだ。

ちなみに、三成も豊臣秀吉から加増すると言われたことがあるが拒否している。ただ、それは、

「今のままで、お側に仕えたい」

という秀吉への忠誠心が主な理由で、周囲の目を気にして加増を受けなかった正信とは根本的に違っている。自分と秀吉の〝縦の関係〟しか重視しなかった三成に対し、正信は、同僚に妬まれないよう〝横の関係〟にも注意を払っていたのである。2人とも同僚に嫌われていた点は同じだが、他者への配慮を忘れなかった正信の方が、社会で生き残る術を心得ていたと言えるだろう。

「釣り天井事件」の悲劇

本多正信の子である本多正純[※⑤]も、父と同じように〝謀臣〟として徳川家に仕えた。大坂冬の陣後に、大坂城内堀埋め立ての策を家康に進言したのはこの正純だと言われており、なかなかの切れ者である。だが、正純には、父のような他者の心情を気にかける慎重さが欠けて

※⑤本多正純
［ほんだ まさずみ］
（1555〜1636）
父・正信とともに徳川家康の謀臣として活躍。大坂冬の陣後に、大坂城内堀埋め立ての策を家康に進言したのは正純とされている。

いた。

徳川家康死後、正信も後を追うように亡くなるのだが、そのとき正純に、

「三万石以上の領地は断れ」

との遺言を残されている。

しかし、正純からすれば、父や自分は徳川幕府へ大きく貢献したという自信があったはずだ。父はずっと加増を拒否していたが、本来なら自分たちは十分、その権利があると思っていたようだ。

正信の死後、正純は2万石の加増を受けて、下野小山藩5万3000石を与えられ、さらに、宇都宮15万5000石の所領も受け取っている。

父の遺言を無視した正純であったが、結果は悲惨であった。1622（元和8）年に、徳川秀忠を暗殺するために自身の居城である宇都宮城に細工をしたとして、本多家は改易。正純は出羽横手へ流罪となった。この地で正純は、1000石の捨て扶持を与えられながら、さびしく一生を終えた。

この出来事は「宇都宮城釣り天井事件」と呼ばれている。正純が、宇都宮城の天井に落下物をつりあげ、秀忠暗殺を謀ったとされることから付けられた名称だが、一般的にはこの暗殺計画は冤罪だと言われている。正純を陥れようとした土井利勝[※⑥]らの謀略であったとされて

※⑥土井利勝
[どい としかつ]
（1573〜1644）
徳川家康の重臣。幼少期の秀忠を支え、江戸幕府の老中、大老を務めた。幕府権力の確立に貢献したとして評価されている。家康の落胤とも言われるが、詳細は不明。

いるが、正確なことはいまだわかっていない。

すでに〝槍働き〟が評価されるような時代ではなかったが、徳川家臣団の中には、脈々と本多正信、正純父子への妬みが生き続けていたのだろう。正信とは違い、正純はその空気が読みきれず、甘く見ていた。正純の末路を見てみると、父・正信がいかに周囲の空気を正確に読み取り、とるべき道を判断していたかよくわかる。

トップに重く用いられれば高い地位や報酬など、その対価は大きい。だが、地位が上がれば上がるほど、周囲の恨みを買っていることを忘れてはいけないのである。

本多正信の処世術

上司から認められたときこそ同僚への配慮を忘れてはいけない。自分は間違っていないからと功績をアピールし、他人のプライドを傷つけていては身を滅ぼすだけである。

第五章　敗者の処世術

【足利義昭の処世術】

自分を謙虚に見つめ直し過度のプライドを捨てるべし

足利義昭（1537 〜 1597）
室町幕府第 15 代将軍。在職期間は 1568 〜 1573 年。織田信長に擁立され将軍となったが、すぐに不和を生じ京を追われた。結果、1573 年に室町幕府は崩壊することとなった。

名前だけの足利将軍家

自分に自信がない人間も問題だが、それよりも問題なのは、逆に自分に自信がありすぎるプライドが高い人間だ。プライドが高すぎる人間は、客観的に物事を見ることができないため視野が狭く判断を誤ることが多いし、現実が見えていないため自分がなぜ失敗したのか分析することもできない。また、そもそも必要以上にプライドが高い人間は、あまり他人から好かれないだろう。

戦国時代、自身の家格にとらわれて必要以上の自信を持ち、高いプライドで失敗したのが足利義昭《あしかがよしあき》だ。混乱をきわめた戦国時代であるが、1573年に第15代将軍・足利義昭が織田信長に追放されるまで室町幕府は続いていた。ただ、足利家は征夷大将軍という称号を持っているだけで、1467年からはじまった応仁の乱以降は権力を掌握することはまったくできず、名目だけの存在となっていた。

室町幕府の最後の将軍となった足利義昭は、第12代将軍・義晴※①の次男として生まれた。嫡男ではなかったため、6歳で奈良の興福寺に入り、世俗とは離れて生活をしていた。何事もなければ、僧侶として一生を送っていくはずであったのだが、兄である第13代将軍・義輝※②が暗殺されたことで、彼の運命は大きく変わる。義輝を殺した松永久秀らによって、命を狙われる身となり、諸国の大名を頼って放浪することになったのだ。室町幕府の有力氏族だった畠山氏や関東管領《かんとうかんれい》だった上杉謙信などを頼って各地を転々としたが、最終的には織田信長の尽力により、1568年9月に上洛、15代将軍に就任した。

義昭は足利幕府再興を掲げてはいたものの、弱体化した足利家には周辺大名に対抗できる軍事力がなかった。上洛には軍事的にも政治的にも強力な後ろ盾が必要だったわけだ。

一方の信長も、尾張の一勢力から全国区に自身の力を示すためには、足利将軍家という存在は、それなりに利用価値があった。将軍の上洛を助けるという口実で、支配者としての正当性をアピールしようとしたのである。

※①義晴［よしはる］（1511〜1550）
第11代将軍足利義澄の長男。1521年に細川高国に擁されて将軍となる。その後三好氏に圧倒されてしばしば近江国に逃れ、将軍職を長男・義輝に譲った。

※②義輝［よしてる］（1536〜1565）
永禄の変で、三好三人衆により、京都二条御所に襲撃され殺された。鎌倉から江戸までの歴代征夷大将軍の中でも、最も武術の優れた人物とも言われている。剣術は塚原卜伝から、弓馬は小笠原長時から指南されたと言われている。

信長への恩を仇で返す

信長に返しても返しきれない恩を持つことになった義昭だが、最終的には不仲となり、京より追放されることになった。ここで事実上、室町幕府は完全に終焉を迎えることになる。

きっかけは、自身が徐々に粗略に扱われるようになったと感じた義昭が、信長を倒すため1571（元亀《げんき》2）年に近江の浅井長政《あざいながまさ》、越前の朝倉義景《あさくらよしかげ》、甲斐の武田信玄、さらに※③石山本願寺や※④延暦寺など各地の権力者へ信長討伐の命令を下して追い詰めようとしたことにある。

しかし、信玄は行軍中に亡くなり、義景、長政も討たれ、信長と敵対することになったその他の戦国大名も、やがて義昭から離れ信長へ臣従するようになる。計画は失敗に終わった。

1573（天正《てんしょう》1）年、信長は※⑤京から義昭を追放。勢力が拡大し、ほぼ天下を手中に治めつつあった信長から見れば、すでに義昭など利用価値のない存在であった。

義昭の転落は、自身の実力を完全に勘違いしていたことが大きい。

15代将軍に就任できたのは、実力ではなく、あくまで血縁が良かったおかげである。信長はその血筋に利用価値を見出しただけ。しかし、自己を過大評価した義昭は、自分が一声かければ全国の戦国大名を動かして信長を討伐できると勘違いした。そのとてつもなく高いプ

※③石山本願寺
現在の大阪府大阪市にあった浄土真宗の寺院。単純な寺院ではなく、堀に囲まれた城郭としての機能もあった。21ページ注⑥も参照。

※④延暦寺
[えんりゃくじ]
滋賀県大津市にある天台宗の比叡山全域を境内とする寺院。ユネスコ世界文化遺産にも登録されている。

ライドのせいで、「足利将軍家の正統な後継者である自分にできないことはない」と自惚《うぬぼ》れ、信長を甘く見過ぎてしまったのだ。

経営者をはじめ、政治家や芸能人などには、恵まれた血筋のおかげで生き残っている人物が少なくない。現在の地位は自身の実力で勝ち獲ったものなのか、それとも血縁関係から幸運にも舞い込んできたものなのか。その判別ができずに自己を過大評価している者は、足利義昭のような末路を迎える可能性がかなり高い。

戦国を生きた高すぎるプライド

ここまで説明したとおり、一般的に足利義昭といえば、さほど実力もないのに自分を過大評価した自惚れ屋と見なされており、あまり評価される人物ではない。歴史的に見れば、〝敗者〟と言っていいだろう。

だが、彼から見れば、信長などは所詮、地方の田舎者であり、自身の天下を支える使用人でしかなかった。信長包囲網を結成させる原動力も、そうした高いプライドがあればこそ生まれたと言えるだろう。

ちなみに、そのプライドの高さは信長が死んだ後も変わらなかった。1587（天正15）

※⑤京から義昭を追放
京を追放された義昭は堺、紀伊国、備後国などを転々とした。堺にいるとき、使者を信長のもとへ送り帰京を図ったが、信長に人質を求める義昭の傲慢な姿勢のせいで、その夢も叶わなかった。

年、義昭は九州征伐に向かう豊臣秀吉と対面したことをきっかけに京へ戻り、※⑥秀吉から1万石を与えられるという幸運に恵まれた。このとき秀吉は、自身を義昭の養子に迎えてほしいと願い出ている。足利家に入ることで、征夷大将軍の資格を得ようとしたのだ。

しかし、義昭はこれを拒否した。プライドの塊である義昭からすれば、どこの馬の骨ともわからない秀吉などに、足利家を渡してたまるかという思いがあったのだろう。すでに天下の大勢が決まった後でも、このプライドの高さだ。

結局、秀吉は武家の棟梁として征夷大将軍に就任して天下を治めることを諦め、公家として関白に就任する道を選んだ。義昭のプライドは、豊臣政権の在り方をも変えるほど高かったようだ。

※⑥秀吉から1万石を与えられた
追放された義昭の警固を務め、帰京交渉役を信長に案内するなど、秀吉と義昭の仲は悪くはなかったようだ。京へ帰ると将軍職を返上し出家。晩年は秀吉の話し相手として御伽衆に加わっていたという。

足利義昭の処世術

高すぎるプライドは、ビジネスの場ではまったく役に立たない。実績があろうがなかろうが、自己顕示欲が強くては無視されるか嫌われる。必要なのはプライドではなく失敗を認め分析する客観性である。

【武田勝頼の処世術】

優秀な前任者と張り合わず自分の道を模索せよ

武田勝頼（1546～1582）
甲斐国出身の大名。急死した父信玄の後を継ぎ、武田家当主となった。長篠の戦いで織田・徳川連合軍に破れると勢いを失い、天目山の戦いで自刃した。

偉大な父が残した遺言

企業で先代が優秀すぎた場合、苦労するのは後継者である。常に先代と比べるうるさ型の人間たちに囲まれ、

「先代ならこうしました」

「それは、先代のやり方と違います」

などと事あるごとに先代と比べられることは間違いない。

だが、後継者が周囲の目を気にして、

「先代に負けたくない」

「実力を示して、部下を黙らせたい」

との理由から必要以上に気張ってしまうと、組織は崩壊へ向かうことになる。

武田信玄の後を継いだ武田勝頼《たけだかつより》は、まさにそんなタイプの後継者であった。

1573年、武田軍は本格的に京都上洛を目指して西進を始めたが、運悪く信玄が病に倒れ死亡。急遽、勝頼が家督を継ぐこととなったが、信玄はそんな新しい当主に向けて〝3年は自分の死を隠すこと〟という遺言を残していた。

武田信玄という神格化された戦国武将の死が知られれば、離反する者が続出して武田家は弱体化し、さらには周辺国から総攻撃をかけられ滅亡する可能性がある。そのため次のトップは3年間で国内での求心力を高め、外敵に対抗できるような新体制を築くべきである。これが戦国武将・武田信玄が考えた最後の作戦であった。

しかし、勝頼は信玄の指示通りには動かなかった。晩年の信玄と同じように、すぐに徳川家康や織田信長の領国の遠江《とおとうみ》、三河《みかわ》、尾張《おわり》へ侵攻。だがその結果は無残で、※①長篠の戦いで大敗北、1582年に※②天目山の戦いで命を落とし武田家は滅亡した。

なぜ勝頼の侵攻策は失敗したのか。その原因は、勝頼が戦下手だったからではなく、対外情勢を上手く把握しきれていなかった点にある。信玄が西へ侵攻を開始した時代は、近江の

※①長篠の戦い
1575年に、三河国長篠城（現愛知県新城市長篠）で、織田信長・徳川家康連合軍3万8000と武田勝頼軍1万5000の戦い。織田、徳川軍は3000の鉄砲を用意して三段撃ちを行い、武田騎馬軍団を破ったとされている。

浅井家、越前の朝倉家などが健在で、足利義昭が指示した「信長包囲網」が機能していた。そのため、武田家は隣接する徳川領に侵攻しても、信長からの増援を気にかける必要はなかった。

しかし、勝頼の時代になると浅井、朝倉はすでに滅亡。「信長包囲網」は機能していなかったため、信長は周囲を気にすることなく武田家と対峙することができた。そのため、織田軍は徳川軍とともに、およそ4万の兵力で戦に臨むことができたが、対する武田軍は1万5000ほどとその差は歴然。鉄砲の一斉攻撃によって織田・徳川連合軍が武田騎馬隊に勝利したとされる長篠の戦いだが、戦い方以前に勝頼は環境の変化を読むことができていなかったわけだ。

武田信玄が亡くなったのは1573年、長篠の戦いは1575年である。信玄死後の3年以内の出来事であった。

信長も認めた武将

改めて、武田勝頼という人物を見ていきたい。

武田勝頼は信玄の四男として生まれた。信濃諏訪《すわ》領主である諏訪頼重※③の娘・諏訪御料人《ごりょうにん》の

※②天目山の戦い［てんもくざんのたたかい］
1582年、弱体化した武田家を滅ぼし領地を奪うため、織田・徳川軍が武田領に侵入した。拠点の高遠城を攻撃され勝頼が逃げ去った先が、先祖が自刃したという天目山だった。だが、敵の襲撃になす術もなく、勝頼は自害。同行した重臣たちも討ち死にした。

※③諏訪頼重［すわ よりしげ］
（1516〜1542）
信濃国の戦国大名。武田信玄の信濃侵攻で降伏。甲府に連行され、自害する。

子であったことから、諏訪氏の通字である「頼」を受けて諏訪四郎勝頼と名乗り、続いて信濃国伊《い》奈《な》郡の高遠城主《たかとおじょうしゅ》となったため、伊奈四郎勝頼と呼ばれた。

本来なら武田家の家督を相続するチャンスはなかったが、信玄の長男・義信※④が謀反の疑いにより廃嫡され、次男は盲目であったため出家、三男は早世したため、勝頼が信玄の後継者となった。しかし、長篠の戦いで織田、徳川の連合軍に大敗北。これで国力が低下した武田家は、滅亡の道をたどることになった。

戦国時代でもトップクラスの実力者として名前が挙がる武田信玄。対して、その後継者であった勝頼は、武田家を潰してしまったことから愚将として見られることが多い。しかし、信長は上杉謙信への書状の中で勝頼のことを、

「信玄の軍法を引き継ぎ、恐るべき敵である」

と評価している。

実は、勝頼は信玄死後の１５７４年に徳川家の高天神城攻略に成功し、織田家の18もの城を陥落させた実績があった。この攻撃は信玄の遺言を無視して行われたが、結果として大成功を収めている。戦闘行為という観点から見れば、勝頼を愚将と見るのは間違いだろう。そもそも、武田家が領土をもっとも拡大させたのは信玄の死後、勝頼の時代であった。軍事指揮者としては、父・武田信玄の名に恥じない実力を持っていたのである。

※④義信が謀反の疑いで廃嫡
勝頼が高遠城の城主になったことに不満を抱いたことが原因ではないかと記す史料があるが、詳細は不明。義元亡き後の今川家への方針を巡って、侵攻策を目指す信玄と対立したことが原因とも言われている。

勝頼を待ち受ける悲しい宿命

信玄の遺言を無視して積極策をとっていた勝頼。その積極策は長篠の戦いで大敗を喫した後も、謙信亡き後の上杉家相続争いに首を突っ込むなどして継続した。しかし、このことで同盟関係にあった北条家との仲が崩れて周囲が敵だらけとなってしまい、武田家は結局、滅亡の道をたどることになった。

ところで、なぜ勝頼はここまで積極策にこだわったのか。それは、〝自分は父にも負けない能力を持つ武将だ〟と周囲に認めさせたかったからだと考えられる。そうした思いにいたったのは、本人の自己顕示欲もあっただろうが、政治的な理由が大きかった。

前述した通り、勝頼は武田家の正統な後継者として育ったわけではなかった。四男であった勝頼は当初、諏訪家を継ぐなど、一族の中では傍流であった。そんな勝頼が武田家を引っ張っていくためには、家臣団にいち早く実力を示す必要があったのだろう。

実際、勝頼に反発する家臣も少なからずいた。特に武田家に一門衆として仕えている穴山信君※⑤（信玄の甥）や木曽義昌※⑥（信玄の娘婿）は感情的に、

「自分たちとさほど立場が違わない者に、なぜ仕えなければいけないのか」

※⑤穴山信君
［あなやま のぶただ］
（1541〜1582）
母は武田信玄の姉。織田信長の甲斐侵攻で内応。武田家滅亡後は徳川家康に従った。本能寺の変の直後まで家康と行動をともにするが、落ち武者狩りにあって殺された。

※⑥木曾義昌
［きそ よしまさ］
（1540〜1595）
正室は武田信玄の娘。1582年に武田家に反旗を翻し、これが織田信長の甲斐侵攻のきっかけとなった。このことが評価され、松本地方経営の拠点に領土を与えられるが、本能寺の変後は勢力を失った。

と考え、腹の底は愉快ではなかったようだ。この2人は最終的に武田家を捨てている。※⑦

勝頼は、このような状況下で信玄の遺言に従い3年もジッとしていては、家臣団の結束力が弱まると考えた。そのため、早く実力を認めさせなければと必要以上に気張ってしまい、積極策をとり続けてしまったのだろう。領土の拡大以上に、自身の力を認めさせることが目的となっていたのだ。

もし、実力を誇示することにこだわらずに、周囲の状況を冷静に判断することができれば、「今、勢いのある織田、徳川と戦うのは得策ではない」と考え危険を回避できたかもしれない。もちろん、それなりの政治力が不可欠なわけだが。

結局、織田信長に軍事面で評価された武田勝頼であっても、信玄死後の政治的な難局を切り抜けるほどの実力はなかったということなのだろう。

武田勝頼の処世術

前任者が優秀だと、後からきた者は大きなプレッシャーを受ける。だが、力が入りすぎた状態では何事もうまくいかない。自分は自分だと割り切り、まずは冷静になって現状把握に努めるべきだ。

※⑦武田家を捨てている　信玄の死に気づいた奥平貞能・貞昌親子も武田家から離反し徳川家へ寝返った。だが、奥平家が家康から与えられた城は武田領に接する長篠城であった。この2年後、武田勢は三河へ侵攻。長篠城を取り囲み、長篠の戦いが起きた。

【明智光秀の処世術】
目先の目標だけでなく先の先まで見通しをつけよ

明智光秀（1528～1582）
美濃国出身の武将。室町幕府に仕えながら、織田信長にも従った。信長に実力を買われ京周辺の政務を担当したが、1582年本能寺で謀反を起こした。同年、秀吉に破れ自害。

本能寺の変は用意周到だった？

試験勉強であれ企画のプレゼンであれ、成功させるにはそれなりの準備が必要だ。だが、それが一夜漬けで詰め込んだ知識であったり、上司の気に入りそうな楽観的な提案であったりと、目先の結果のみを想定したものではあまり意味がない。

会社を経営する場合も、数年先、数十年先を見越してあらゆる可能性を想定し行動できなければ、用意周到とは言えない。また、用意周到に準備ができる人間でなければ厳しい競争社会で勝ち上がっていくことはできないだろう。

1582（天正10）年6月、明智光秀は中国遠征のため京都・本能寺※①に宿泊していた主君・織田信長に反旗を翻し急襲した。世に言う本能寺の変である。日本史上もっとも有名な事件といっても過言ではない大きなトピックスである。

はじめ、斎藤道三《さいとうどうさん》に従っていたという明智光秀は、その後、朝倉義景《あさくらよしかげ》に仕官、さらに足利義昭に仕えた。義昭が織田信長を頼ることを決めると、光秀が交渉役を担当。これをきっかけにその能力を信長に認められ、臣従するようになった。「鉄砲の十兵衛（光秀の通称）」と呼ばれるほど豊富な最新武器への知識と情報収集力を駆使して異例のスピード出世を遂げた光秀。だが、最終的には本能寺の変を起こし信長を裏切った。

ここで本能寺の変の当日の光秀行動を振り返ってみたい。午後4時、兵を招集した光秀は、もっとも信頼する宿老5人に、「決して裏切らない」という起請文を書かせ、さらに彼らから人質もとる慎重さで、その日の午後10時に本能寺へ向けて出発。その前には別働隊を京へ送り偵察も行っている。この偵察隊は、光秀の本隊から本能寺の信長へ密告する者がいた場合、先回りして殺す任務もあった。

また、この時期は羽柴秀吉や柴田勝家、滝川一益《たきがわかずます》らは地方遠征中であり、同盟関係にあった徳川家康はすぐに兵を動かせる状況にはなかった。

※①本能寺
1415年に建てられた法華宗の寺院。焼失した本能寺は秀吉によって寺社町である寺町御池にされた。江戸幕府の庇護も受けたが、火災や幕末の戦災で伽藍はほとんど焼失。

本能寺の変を「光秀の突発的な思いつき」と解釈する意見も多いが、「信長の首を確実に討つ」という目的を達成するため、戦略が十分に練られていたことは確かだろう。千載一遇のチャンスを逃すことなく、光秀は確実に、そして慎重に信長の首を討ったのだ。

きかなかった空手形

明智光秀が本能寺の変を起こした動機については、「信長への私怨」「光秀自身の天下統一への野望」「朝廷黒幕説」「足利義昭黒幕説」「イエズス会黒幕説」というものから、「豊臣秀吉黒幕説」「徳川家康黒幕説」などの、もはや陰謀論としか思えない説まである。そんな中、近年発見された新資料から、光秀と関係の深かった四国の長宗我部元親を守るための謀反[※②]だったとの説も話題を呼んでいる。

しかし、ここでは、動機を考えるのはやめておこう。歴史的な事実として確かなことは、このとき、光秀は織田信長を裏切り袂を分かつことを決断したということだ。

信長を討つまでは、非常にうまくいった。しかし、問題はその後だ。信長亡き後の天下をいかに統べるか。そうした点から見ると光秀の想定はかなり甘い。

下克上の習いに従えば、信長を討った光秀が権力を手中に収めてもなんら不思議ではな

※②長宗我部元親を守るための謀反
2014年に「石谷家文書」の中から、土佐の長宗我部元親から明智光秀の側近である斎藤利三に宛てた書状が発見された。この書状から光秀は、信長の四国征伐を阻止したかったことが本能寺の変の理由ではないかとされている。

い。光秀にもそうした思いがあったのだろう。彼は権力を手にした自分へ皆がなびくだろうと甘い観測を立てたが、それはまったく期待はずれであった。味方が思うように集まらず、姻戚関係のある細川家、過去に危機を救った筒井家※③など、仲間になってくれると踏んでいた一族さえも相手にしてくれなかった。

危機を感じた光秀は多くの武将に、「いくらでも領土を渡すから味方するように」と空手形を乱発するも、効果は無い。

さらに計算外だったのは、羽柴秀吉が中国戦線から短時間で引き返してきたことだ。結局、山崎の地において、主君の仇討という大義名分を得た秀吉に光秀は敗れた。信長の死からわずか11日後の出来事であった。

前述の通り、本能寺で織田信長の首を討つまでの過程には、それなりの戦略があったといえる。しかし、その後のビジョンについて、光秀の見通しはまったく甘かった。目先の目標を達成するための戦略立てはうまくいったものの、その結果、世間がどんな反応を示し、時代がどのように流れるのか、そんな目線が光秀にはあきらかに欠落していたようだ。

〝裏切り〟といえば、言葉は激しいが、現代社会に生きていても、恩のある人間と袂を分かつことがないとは言い切れない。特に大企業では、上司が変わって派閥争いに巻き込まれ、恩師を裏切る羽目になるかもしれない。光秀は、転職のために会社を飛び出すまでは用意周

※③筒井家［つついけ］
大和国の戦国大名。筒井順慶は織田信長に従い明智光秀の与力となる。しかし、本能寺の変後は光秀に従うことなく、羽柴秀吉に恭順した。

到であった。しかしその後、新しい企業へ入ることも、自らのコネクションを生かして起業することも、見通しが甘かったためできなかったのだ。

ルイス・フロイスの光秀評

イエズス会[※④]の宣教師として戦国時代の日本へ来日したポルトガル人のルイス・フロイス[※⑤]は、同時代の貴重な資料となる『日本史』を記したことで名が知られている。日本人の暮らしぶりや西洋との違い、信長や秀吉などの有力者のことが記されており、明智光秀についても語っている。

以下がそのフロイスが語った光秀の主な情報である。

「その狡猾さから信長の信頼を得た」
「人を欺くための72の方法を体得していると自慢している」
「術策により、謀略に精通していない信長を惑わして出世した」
「信長に愛されるために、贈り物を欠かさない」
「仕事に熱心でない者を目撃すると、自分はそうでないと涙を流す」
「信長を喜ばせる方法を常に調べている」

※④イエズス会
カトリック教会の修道会。世界各地での宣教活動を重視していたことから、日本にも戦国時代には、フランシスコ・ザビエルなどが訪れ、布教活動を行った。

※⑤ルイス・フロイス
(1532〜1597)
イエズス会の宣教師として来日。織田信長や豊臣秀吉らと会見。戦国時代研究の貴重な資料となる『日本史』を残している。

もちろん、これらがすべて真実かはわからない。『日本史』※⑥は秀吉が光秀を討った後に書かれたため、光秀を悪者として演出している可能性はある。しかし、キリスト教布教のためにやってきたフロイスには地位や財力、血縁など、日本国内に余計なしがらみがなかったため、もっとも客観的に信長の家臣団を見ることができたとも言えるだろう。フロイスのように光秀を見ていた者も決して少なくなかったはずだ。

フロイスが評したようなタイプが急激な出世をすればよく思わない者もいただろう。本能寺の変後、光秀に従う者が少なかったのは、このあたりにも原因があったのかもしれない。

もし、フロイスの光秀評が真実であれば、光秀は上司に取り入る術はよく心得ていたと言える。だが、自分が上に立ったときにも、その処世術が通用すると光秀が判断していたならば、やはり見通しが甘かったと言わざるを得ない。

※⑥『日本史』は秀吉が光秀を討った後に……イエズス会士の今後の布教に役立てるために書かれたフロイスの日本での布教史の記録。イエズス会総長の命を受け、1583年から10年以上にわたってフロイスは記録を続けた。ただ、この記録は長くマカオに留め置かれたため、他の宣教師の目に触れることはなかった。

明智光秀の処世術

目前の課題をクリアしてもその先の見通しが甘ければ足をすくわれる。目標達成のためには自分に都合のいい結果だけでなく、様々なケースを想定し、しっかり対処できるよう準備すべきである。

【柴田勝家の処世術】

優しさや思いやりだけでは人をまとめることはできない

柴田勝家（1522～1583）
尾張国出身の武将。織田家筆頭家老。越前北ノ庄城を拠点に北陸地方の経営にあたった。本能寺の変後、秀吉と対立し賤ヶ岳で衝突したが、敗北。居城で自刃した。

外国人も高く評価した織田家の筆頭家老

誰でも、「嫌なやつ」と言われるよりは「いい人」と評されたいはずだ。しかし、いい人だから、人に嫌われていないからといって、その人物がチームを動かし大望を遂げられるとは決して限らない。嫌われていないだけで、心の底から信頼されているわけではないからだ。世間とは、ある意味で非情である。

柴田勝家《しばたかついえ》は織田家の筆頭家老、そして戦国時代を代表する猛将として知られている。信長の父・信秀の時代から織田家に仕えた古参の家臣である。当初は信長の弟・信行※①に従い、信

※①信行［のぶゆき］（1536～1557）
織田信長の弟。幼少期はうつけものと呼ばれた信長とは対照的に、一度、謀反を起こすも母・土田御前の仲介で罪に問われなかったものの、再度の謀議をした際に礼儀正しく振舞うことができる人物であった。病気であると偽った信長を見舞いに訪れたところを暗殺された。

長と敵対することになるが、信行敗走後は信長に従い、桶狭間の戦い、美濃攻略、そして、北陸方面攻略の軍司令官として活躍した。しかし、信長が本能寺で討たれると、後継者の座をかけて羽柴秀吉と賤ヶ岳で争い敗北。越前の北ノ庄城※②で自害した。

そんな勝家には、その勇猛さを証明する〝瓶割り柴田〟と呼ばれるエピソードがある。

籠城して徹底抗戦をしていた勝家の軍。その余りの抵抗に敵軍も手を焼いていた。そこで、敵軍は力づくでの攻撃をあきらめ、城の水源を絶つ方法をとる。これは堪らないと、勝家は籠城作戦の続行を無理だと判断したが、なんと代わりに、

「力が残っているうちに討って出よう」

と指示を出し、水が残っている３つの瓶を割って配下とともに城を飛び出したのである。この死にもの狂いの行動に敵兵は動揺、柴田軍は彼らを敗走させることに成功している。

また、江戸時代に書かれた随筆『翁草』※③では、

「戦場での突破力は随一」

と評され、明智光秀を酷評したポルトガル人宣教師・ルイス・フロイスは、勝家に対して、

「信長時代のもっとも勇猛果敢な武将」

「一生を軍事に費やした勇猛な武将」

との賛辞を贈っている。

※②北ノ庄城
［きたのしょうじょう］
越前国北ノ庄を与えられた柴田勝家が、１５７５年に築城。賤ヶ岳の戦いに勝家が敗れ、妻・お市と自害する際に火を放ち、全焼した。

※③翁草［おきなぐさ］
全２００巻。随筆家である神沢杜口（かんざわ・とこう）によって刊行された。はじめの１００巻は１７７２年、残りは１７９１年に刊行。内容は、杜口が古書から見つけた奇聞や伝説、珍事など。

柴田勝家が戦国時代を代表する〝猛将〟であったことは間違いなさそうだ。

軍事だけでなく政治にも力を発揮

ルイス・フロイスは戦場での勇敢さだけでなく、キリスト教の扱いに関しても、勝家を評価している。禅宗を信仰していたという勝家だが、キリスト教に対して、

「自分が信じるのは禅宗だが、他の宗旨は憎まない」

との見解を示し、

「キリスト教の布教を妨害はしないが手助けもしない。教えが広まるかどうかは宣教師たちの努力次第だ」

と述べていたとフロイスは伝えている。フランス革命の思想的支柱だった哲学者、ヴォルテールが言った、

「私はあなたの意見には反対だ、だがあなたがそれを主張する権利は命をかけて守る」

という姿勢に近い方針を、勝家も示していたのであった。

さらに、戦場でのイメージが強い柴田勝家だが、実は秀吉より先に刀狩り※④を考案して実践していた内政家でもある。

※④刀狩り
僧侶や農民などの武器の所有を放棄させること。天下を統一した豊臣秀吉が1588年に行った刀狩りが特に有名である。秀吉が行った刀狩りはおもに農民へのものだったが、柴田勝家は、一向宗のような僧侶を対象としたものであった。

ここまでの情報で、柴田勝家が戦場でも政治面でも能力を発揮した武将であることがわかっていただけただろう。さらには、人間味にあふれるこんなエピソードも残っている。

前田利家は若い頃、信長といさかいを起こし織田家を出ていなければならなくなったが、そのときに利家を最後までかばったのが勝家であったという。

その利家が賤ヶ岳《しずがたけ》の戦いで勝家を裏切ったとき、

「お前は秀吉と仲がよいのだから、決して道を間違うな」

とアドバイスを送るだけで、※⑤利家を責めることはなかった。

さらに、最後まで勝家に従った部下には、

「これまで従ってもらっていたのに、その恩に報いることができないことが残念だ」

との言葉を残し、家臣たちに生き延びるよう促している。

いい人すぎて部下・同僚から軽く見られていた

最終的に羽柴秀吉に敗北してしまった柴田勝家だが、ここまでの経歴を見てみれば、彼もひとかどのリーダーであったことは理解していただけるだろう。ただ、それならばなぜ、羽柴秀吉に負けてしまったのか。もちろん、主君を討った明智光秀を秀吉に倒されてしまい、

※⑤利家を責めることはなかった
さらに、預かっていた人質を無傷で利家に返したという逸話も残っている。

その後の主導権を握れなかったことが主な原因ではあるのだが、勝家にはそもそも、性格に大きな欠点があった。

例えば、前田利家とのエピソードは美談でもあるが、意地の悪い見方をすれば〝いい人だからなめられていた〟ともとれるだろう。残念ながら〝いい人〟なだけでは世の中を渡れないことも事実である。部下の暴走に頭を悩ませたことも一度や二度ではないというから、要は周囲に〝甘い〟ところがあったと言える。優しいだけの上司は人間的には尊敬されるかもしれないが、そんな上司にずっと従い続ける人がいるかどうかは別問題である。

また、部下だけでなく同僚との付き合いも決してうまいとは言えなかった。筆頭家老であった柴田勝家は、織田家中ではもっともランクの高い存在のはずだが、羽柴秀吉や佐々成政※⑥に勝手な行動をされ、戦局が不利になったこともあった。つまり、たとえ家格の高い筆頭家老であっても、同僚からは軽く見られていたのである。

本能寺の変後、明智光秀を討ったのは確かに羽柴秀吉であったが、秀吉よりも勝家と付き合いが深かった有力武将は少なくなかった。それに勝家は筆頭家老である。

「皆、どこの馬の骨ともわからない秀吉などに従わず、自分についてきてくれるはずだ」と楽観的に考えていたかもしれないが、その期待は叶わなかった。先を見越して秀吉に従った者が大多数であったのだ。

※⑥佐々成政
[さっさ なりまさ]
（1539〜1588）
織田信長に従い、姉川の戦いや長篠の戦いで武功を挙げる。本能寺の変後は羽柴秀吉と敵対するも、富山城で降伏。その後、肥後一国を与えられるも内政での失策で切腹させられる。

結果を見ればわかるように、勝家は人心掌握術が上手くなかった。だが、そんな不器用な勝家に最後まで従った部下がいたことも事実だ。そして、彼らに最後の礼を述べた勝家は、やはり人格的には秀でたものがある。ただ、それでも利家のように、生き延びるために勝家を裏切っていった者が多かったことで勝家は負けた。

結局、勝家は〝いい人〟というよりも〝お人よし〟であったのかもしれない。仕事はそれなりにデキる柴田勝家だが、残念ながら〝お人よし〟では人はついてこないし、天下を獲ることもできない。

柴田勝家の処世術

リーダーに求められるのは人のよさではなく「将来性」である。人格がどんなによくても、将来性がなければ人は離れていく。組織をいかに導くか。そうしたビジョンを持つことが求められているのだ。

【石田三成の処世術】

人は理屈では動かない感情に訴えて動かすべし

石田三成（1560～1600）
近江国出身の大名。秀吉の右腕として政務を担当し豊臣家を支えたが、秀吉死後は後ろ盾を失い、徳川家康と対立。関ヶ原の戦いに破れ六条川原で斬首された。

絶対的な敵をつくると身を滅ぼす

金権政治家として批判されることが多い第64代総理大臣の田中角栄※①だが、

「色々、問題はあったけど憎めない人だった」

と前向きに評する関係者は多い。

角栄の最大の武器は〝金〟ではなく、関わった人たちを虜にする〝人心掌握術〟であったとも言えるだろう。トップに立つ人間は、仲間をつくるだけではなく、絶対的な〝敵〟をつくるべきではないのだ。

※①田中角栄
［たなか かくえい］
（1918～1993）
新潟県出身。日本列島改造論を掲げ、高速道路や新幹線など交通インフラを整備して地方と中央と結ぶ計画を出した。

角栄とは逆に、絶対的な〝敵〟をつくって失敗したのが石田三成《いしだみつなり》である。

石田三成は1560（永禄3）年に近江国《おうみのくに》（現在の滋賀県）に生まれた。行政官として豊臣秀吉の片腕となり、太閤《たいこう》検地などの事業を補助したが、秀吉死後は徳川家康と関ヶ原で対峙して敗北。六条河原で斬首されることになった。

そんな三成は、とにかく仕事ができる人物であった。多くの文献に有能な政治家として活躍※②するエピソードが掲載されており、秀吉もその才能を高く評価していた。

ただ、行政官としての才能はバツグンであったものの、彼には敵が多かった。

天下統一後の秀吉は、戦場で活躍する武断派よりも、三成のような行政官を必要とした。そのため、三成が優遇されるようになる一方で、戦働きを得意とする加藤清正や福島正則ら武断派は、冷遇されるようになったのである。

そんな中、両陣営の険悪な関係を更に悪化させる事件が起きた。三成が、朝鮮出兵での加藤清正、黒田官兵衛らの独断専行を許さず、秀吉に報告。これが原因で清正は一時、秀吉からの信頼を失うことになったのだ。

三成からすれば、彼らに恨みがあったわけではなく、「ただ、職務を全うしただけ」であっただろう。しかし、理屈ではどうにもならないのが感情である。武断派は三成を恨んだ。

秀吉死後、敵対する武将たちは、なんとかして三成を政権中枢から引きずり降ろそうとし

※②有能な政治家として活躍
堺を兵糧輸送の拠点として掌握し、小田原遠征や朝鮮出兵などの大規模遠征の下地をつくったほか、秀吉が九州を平定したのち、黒田官兵衛などと共に町の復興を担当した。

た。※③その対立を利用したのが徳川家康だ。関ヶ原で東軍方の先陣を担当したのは、秀吉子飼いの武将・福島正則である。彼は東西両軍の中で、この戦いにもっとも強い意志を持って参加した武将であった。その強い意志とは、

「あの憎き三成を成敗したい」

というもので、なにがなんでも三成を倒すことが正則の第一の目的。その後の政権がどうなろうと、豊臣家がどうなろうと、そんなことに頭は回らなかった。

もし、三成に福島正則らへの配慮が少しでもあり、良好とまではいかなくとも、嫌われない程度の関係を構築できていたらどうだろうか。そう簡単に徳川家康は豊臣家から政権を奪い取ることはできず、三成は豊臣秀頼の後見人として、辣腕を振るう時代が来ていたかもしれない。こう考えると、三成の処世術の甘さが豊臣家の滅亡を招いたといっても、言い過ぎではないだろう。

人は金品だけではついてこない

福島正則、加藤清正らから目の敵にされた石田三成だが、決して誰からも嫌われていたわけではない。「三成のためであれば」と彼に心酔していた者もいた。

※③その対立を利用
秀吉が禁じた大名同士の縁戚関係を三成を憎む武断派諸将らと結んでいった。

その代表的な人物が大谷吉継※④だ。

ハンセン病であった吉継は、※②千利休の茶会で鼻水を茶碗の中に落としてしまった。多くの出席者がそれを見て苦い顔をする中、三成はその茶碗を取って飲み干した。このとき吉継は、

「以後、何があっても三成を助けよう」

と心に決めたという。

三成から家康を倒すことを打ち明けられた吉継は当初、その無謀な計画を考えなおすように説得するが、結局は三成に従うことを決意する。そこで、三成では人望が欠けていることを見抜いていた吉継は、西軍の総大将に毛利輝元を担ぐことを提案。しかし、結局、戦場で毛利は動かず、吉継隊も味方の相次ぐ裏切りで壊滅。吉継は関ヶ原で壮絶な最後を遂げた。だが、裏切りがあった関ヶ原で、吉継のように三成に命を賭けて従った武将もいたのである。

ただ、吉継のような武将はやはり特殊な例だった。関ヶ原直前に三成が行った人心掌握術といえば、「勝ったときは、これだけの領地を約束しよう」などの空手形の連発であった。さらに、金品などの〝実弾攻勢〟も行っている。結果、三成は関ヶ原直前で金欠となり、戦後に東軍が彼の居城である佐和山城《さわやまじょう》を占拠したときには、ほとんど財産は残っていなかったという。

三成を裏切った武将たちは、もっとシビアに現実を考えていたようで、三成の財産を使い

※④大谷吉継
［おおたに よしつぐ］
（1559~1600）
出自については不明な点が多い。賤ヶ岳の戦いから北条征伐まで多く活躍。その軍事力は豊臣秀吉が「100万の軍勢を与えて、自由に軍配を指揮させてみたい」との言葉を残したと言われるほど強く信頼されていた。

※⑤千利休
（1522~1591）
今井宗久・津田宗及と共に茶湯の天下三宗匠と呼ばれている。豊臣秀吉に従うも、突然、逆鱗に触れ、切腹させられた。

果たしてまで行った人心掌握術は成功しなかった。

戦争が不得意という悪評

日露戦争で陸軍の基本政略を考えた児玉源太郎※⑥の師であるドイツのメッケル将軍※⑦は、関ヶ原の布陣を見たときに、

「これは西軍が勝っただろう」

との感想を述べた。このメッケル将軍の発言から、

「石田三成は戦争が下手だった」

というイメージが持たれるようになったという。

ただ、メッケル将軍が評価せずとも、三成は在世時から戦争が下手と周囲から思われていたようだ。その原因は小説『のぼうの城』にも描かれた忍城《おしじょう》攻略戦の失敗である。この失態のせいで、

「あいつは戦場でたいした功績もないのに偉そうだ」

と武断派から軽視されることになった。

しかし、三成をフォローするならば、そもそも従軍した機会が武断派に比べて少ないため、

※⑥児玉源太郎
［こだま げんたろう］
（1852〜1906）
長州藩の支藩徳山藩の中級武士の子として生まれる。日露戦争では、陸軍参謀本部次長として、遼陽会戦、沙河会戦、黒溝台会戦、奉天会戦などで活躍した。

※⑦メッケル将軍
（1842〜1906）
クレメンス・ヴィルヘルム・ヤコブ・メッケル。ドイツの帝国軍人。日本の陸軍大学校の教官となり、同大学校の一期生を指導した。

これだけの事実を見て、極端に戦争が下手であったかは判別できない。それに、三成は朝鮮出兵では、海外の前線へ確実に兵糧を供給するという、兵站部門では大きな実績を残している。ただ、当時は兵站への評価はそれほど大きくない。よって、実際には功績を残していても、槍働きの実績がない三成は戦争が下手だと見なされていたのである。

戦争が下手というのは、ある意味で風評被害であろう。ただ、三成が戦う相手は、武田信玄に三方ケ原《みかたがはら》の戦いで敗れて以来、一度も決定的な敗北をしていない徳川家康である。いつの時代でも、勝ち馬に乗りたいと考えるのが世間の常識であり、三成が家康に勝てるはずはないとの理由で、東軍方へ従った者も少なくない。

世間の風評を早い段階で払拭できなかったことも、三成敗北の大きな原因になっているだろう。

石田三成の処世術

いくら仕事ができたとしても、周囲を顧みない人間は嫌われる。そんな態度が通じるのは強力な後ろ盾がいる間だけである。理屈ばかりで他人の感情を軽んじる人間には敵はできても仲間はできない。

【福島正則の処世術】

立派な功績を残しても周囲の評価はすぐ変わる

福島正則（1561～1624）
尾張国出身の大名。秀吉子飼いの武将で、戦働きで功績を残した。秀吉死後は文治派の三成と対立し、徳川家康に接近。だが、のちに家康に目をつけられ改易。

関ヶ原の恩は一生忘れないが……

いくら恩を売って感謝されても、永遠にその効果があるわけではない。月日が流れれば、恩のありがたみは薄れていくものだ。

「この恩は一生忘れない」

との言葉を受けたとしても、それはものの例えであり、好き勝手な振る舞いをしていれば、痛いしっぺ返しが待っていることだろう。だが、関ヶ原の戦いで徳川家康に大きな恩を売った福島正則《ふくしままさのり》は、永遠に〝恩〟の効果があると考えていたのかもしれない。

幼い頃から秀吉に仕え、賤ヶ岳の戦いなどで活躍した福島正則だが、関ヶ原の戦いでは、徳川家康が率いる東軍の先鋒として活躍した。

秀吉にもっとも近い正則が東軍方となれば多くの武将を味方にできる。そう考えた家康は黒田長政らを使って正則に裏工作を始めた。もともと、西軍方の石田三成と犬猿の仲であった正則は、「三成を倒せるならば」ということで、東軍方となることを了承した。そして家康の思惑通り、正則が東軍となったことで、三成が抱え込む豊臣家に後ろめたさを持っていた大名たちも、家康に従った。

この恩に家康は、

「このたびのことは生涯、忘れぬ」

と正則に感謝し、尾張清洲《きよす》24万石から安芸・備後[※①]49万8000石に大幅加増させた。

恩着せがましい正則に苛立つ家康

徳川家康に感謝された福島正則だが、本人としては微妙な心境であった。

そもそも、正則が憎かったのは、石田三成である。三成がいては、豊臣家がダメになるとの思いから家康に従った。しかし、関ヶ原で勝利した家康は征夷大将軍に就任、事実上、豊

※①安芸・備後
[あき・びんご]
安芸は現在の広島県西部、備後は現在の広島県東部。

臣政権は消滅した。

そんな中、多くの者は家康に無抵抗で、豊臣家のことを意識的に無視した。だが、正則だけは違った。豊臣秀頼が天然痘になると、まっさきに大坂城に見舞いに向かい、京都・二条城で家康と秀頼が対面することになったときは、大坂城付近に自軍を待機させた。もし家康が秀頼を暗殺させるようなことがあれば、家康と対峙するつもりであったからだ。

多くの大名が家康に怯えて徹底的に服従している中、なぜ、正則は強気なのか。それは、「家康の天下は俺が獲らせてやったのだ」

という過剰な自信があったからだ。

そのため、関ヶ原の戦い後に、家康が豊臣家を潰そうと画策している気配を感じても、「恩がある自分がいる限り、決して豊臣家を粗末には扱わないはず」

と甘く考えていたのだろう。

確かに家康が天下を獲るために、正則の協力は必須であった。しかし、それを盾に今後の思惑を邪魔されては、家康も腹が立ってしまうだろう。大坂の陣では、わずらわしい正則を江戸での留守番役として、前線には出させなかった。さすがにこの段階となれば、正則も豊臣家に将来がないことは理解していたようだが、※②将来の災いを絶つため確実に秀頼を殺しておきたかった家康からすれば、

※②豊臣家に将来がないことは理解していた　大坂の陣の際、豊臣方から協力要請があったが、正則はその頼みを拒否している。

「ここでまた恩着せがましい態度をとられ、秀頼の助命嘆願なんぞされたら、たまったもんじゃない」

との思いがあったのだろう。

恩なんて二代目には関係ない

豊臣家を滅ぼした家康は1616（元和2）年に亡くなり、※③徳川秀忠が後を継いだ。

その3年後、洪水で壊れた広島城を無許可で改修したとして、福島正則は咎められることになる。※④武家諸法度で禁じる「居城無断修復」に背いたためである。正則は徳川家の重臣・本多正純には改修する旨を報告していたが、それでは不十分とされた。

江戸幕府が外様大名をなんとか改易させ、その力を削ごうとしている中、多くの大名は慎重に事を運んでいた。前田利長の項でも述べたとおり、前田利常《まえだとしつね》などは、自分をなんとか〝バカ殿〟に見せようと、江戸城で放尿をしていたときである。正則の対応はあまりに甘いと言わざるを得ない。

そもそも、正則が助けたのは徳川家康であり、子の秀忠には何の関係もない。そのため幕府は正則に対して、「取り潰し」の構えで臨んだ。

※③徳川秀忠
［とくがわ ひでただ］
（1579～1632）
江戸幕府の第2代将軍。家康に比べるとあまり目立たないが、決して無能だったわけではない。公家諸法度、武家諸法度などの幕府の基本法を整備させたことが評価されている。1623年に将軍職を家光にゆずり、大御所として幕府権力の基礎を固めた。

そうした幕府の強硬な態度に、さすがの正則もなんだかおかしいと気づいたのだろう。ここにきて、やっと現実を直視した。剃髪して蟄居することで、反省の姿勢を見せたのだ。結局、ぎりぎりに対策をとったことで、福島家が取り潰されることはなかった。だが、五十万石近くあった安芸・備後から信濃川中島4万5000石へ移封、大幅な減封処分となった。川中島に異動した5年後、正則はその地で亡くなる。しかし、幕府は追撃の手をゆるめず追い詰める。幕府に届け出ることなく正則の遺体を火葬したとして、福島家は取り潰しとなってしまったのだ。

どこまでも自分が売った恩の効力を信じた福島正則。後々まで好き勝手な態度をとっていたことで、自業自得とは言え恩を仇で返される結果となってしまった。

※④武家諸法度［ぶけしょはっと］
1615年に制定されたときは13ヶ条であったが、第3代将軍・家光の時代には、参勤交代の制度や大船建造の禁が加えられ、19ヶ条となった。

福島正則の処世術

誰かの役に立ったとしても、その評価は永遠には続かない。恩着せがましく見返りばかりを求めていては人間関係を悪化させるだけだ。自分だけは違うと特別視せず、周囲の評価をきちんと聞くことが重要だ。

【佐竹義宣の処世術】

重要な岐路に立つときこそ潔く決断すべし

佐竹義宣（1570～1633）常陸国（茨城県）出身の武将。秋田藩初代藩主。伊達政宗などと対立したが、小田原征伐で秀吉に従うと領地を保証され優位にたった。関ヶ原の戦い後、秋田へ転封。

西軍方最大のチャンスを潰した男

誰しも、人生で大きな決断をしなければいけないことがあるはずだ。その判断で大成功をすることもあれば、失敗することもある。失敗後の責任の取り方が重要になることは直江兼続の項でも触れたが、そもそものところ、失敗するよりも最悪なのは、優柔不断で決断ができないことではないだろうか。失敗ならば後から、

「あれは判断を誤っただけ。仕方ない」

とあきらめることができるかもしれない。また、その経験を次回に生かすこともできるだ

ろう。もちろん、兼続のように、自身の手で挽回する機会もあるかもしれない。しかし、優柔不断で決定自体から逃げてしまっては、悔しさばかりが残るはずだ。

歴史を見ていく中で、「もしも……」と考えるのは、無意味なことではあるが、関ヶ原の戦いで、「もしも、佐竹家が動いていたら結果は違ったのではないか」とふと考えてしまう。

佐竹義宣《さたけよしのぶ》は、１５７０（元亀１）年に常陸国《ひたちのくに》（現在の茨城県）に生まれた。父はその勇猛さから「鬼義重」「坂東太郎《ばんどうたろう》」の異名で恐れられた佐竹義重※①である。

そんな勇猛な父を持つ義宣の元には、関ヶ原の戦いの直前、小山《おやま》会議へ参加するように催促する家康の使者が何度も訪れた。この会議は山内一豊の項で紹介した通り、家康に従い石田三成と戦う決意を大名たちに表明してもらうことが目的であった。義宣がこの話し合いに参加するよう請われたのは、その支配地域が大きく関係している。というのも、小山と義宣の領国である常陸は目と鼻の先であるため、せっかく小山会議で多くの協力者を得ても、背後から佐竹家に攻撃されれば、その士気は下がってしまう。さらに、佐竹家と徳川家は隣国同士でもあるため、もし義宣が家康の味方にならないのなら、石田三成と一大決戦に挑むときに、本拠地を狙われる不安がある。家康としては、どうしても義宣の協力を得たかった。

義宣はこのとき、東軍に従うか、西軍に従うか、選択することができた。東軍に従えば、先に紹介した山内一豊や福島正則のように、家康から大きな評価を得たことは間違いなく、

※①佐竹義重
［さたけ よししげ］
（1547～1612）
常陸国の戦国大名。北条家や伊達家と関東の覇権を争い、佐竹氏の全盛期を築き上げた。豊臣秀吉の北条征伐がはじまると、小田原に参陣し、秀吉に従った。

家を繁栄させることに成功したはずだ。逆に西軍に従い、家康を背後から脅かせば、東軍は関ヶ原に主力を集中させることが難しくなり、結果は変わっていたかもしれない。

しかし、義宣は動かなかった。小山会議に参加もしなければ、東軍と西軍、どちらに従うかも表明しなかった。その結果、天下を勝ちとった家康によって佐竹家は出羽国[※②]（現在の秋田県）に転封されることになり、常陸国は徳川御三家の1つである水戸藩の所領となった。

原因は優柔不断と決定力不足

大きなチャンスが巡ってきたとき、人間はそれに気づくことができるだろうか。上手くいけばチャンスを見事に生かすことができるが、逆に逃すと厳しい現実が待っている。チャンスの裏にはピンチがあるのだ。

関ヶ原の直前、まさに佐竹義宣がこの状況にあった。

父の義重は〝鬼〟と恐れられた百戦錬磨の猛将であり、この頃もまだ生きていた。その父からは、

「三成よりも老獪な家康に味方する方がよい」

との意見があったという説があり、また逆に戦国時代に伊達家と北条家の圧迫から逃れ続

※②佐竹家は出羽国……この処遇に腹を立てた義宣が国中の美女を出羽国へ連れて行ったため、秋田県は、〝秋田美人〟と呼ばれるような美人の多い場所になったという説もある。

けた義重の経験から、

「家を存続させるためには、どちらにも味方しない消極的な中立策をするように」

とアドバイスを受けたという話もあり、実際のところは、はっきりしない。

ただ、父がどう言ったのであれ、決断することができなかったのは、当時、佐竹家のトップである義宣である。

この義宣の優柔不断のせいで、佐竹家は転封処分となった。要はトップの決断力不足で組織を縮小させることになってしまったわけであり、その責任は大きい。

ちなみに、幕末まで佐竹家は続くのだが、戊辰戦争のときに東北の大名は奥羽越列藩同盟※③を結成して新政府軍に対抗しようとした。だが、そのときに新政府軍の勢いを早い段階で判断し、同盟から離脱したのが佐竹家であった。

このときの藩主・佐竹義堯※④は、祖先の過ちを意識したのか、義宣と同じ失敗をせずに状況をいち早く分析し、先を見越した決断を下すことができた。

“友情”が仇となる？

佐竹義宣はなぜ、大事な場面で決断できなかったのか。その大きな理由の1つに西軍方の

※③奥羽越列藩同盟
江戸城が開城された後、戊辰戦争で陸奥国、出羽国、越後国の諸藩で新政府に対抗して結成された同盟。

※④佐竹義堯
［さたけ よしたか］
（１８２５〜１８８４）
新政府支持に藩論を統一、列藩同盟軍と戦った。版籍奉還後は秋田藩知事に任命される。廃藩置県で免職となり、その後は江戸で暮らし、１８８４年には侯爵となる。

石田三成との〝友情〟が関係しているとも言われている。

まず、豊臣秀吉が北条討伐を行った後、佐竹家は常陸国と奥州、下野《しもつけ》の一部、計54万石の領土を与えられている。実はこの背景には、三成の後押しがあったとされている。

さらに、隣国の下野・宇都宮家[※⑤]にお家騒動が勃発し、所領が没収されたときに、親戚関係にある佐竹家も処罰されることが検討された。しかし、このときに三成にかばってもらったことで、佐竹家には何の処分も言い渡されなかった。

関東生まれの義宣は、京阪などの中央の情勢にあまり明るくなかった。そんな不安な状況下で、手を差し伸べてくれたのが三成だったのである。三成の項で、彼を信頼してどこまでも付いていった大谷吉継の例を紹介したが、義宣も同じように三成に恩があった。世話になっている三成を助けたいという思いは、吉継と同じく義宣も持っていたはずである。

さらに、義宣と三成に関しては次のような逸話も残っている。

秀吉死後に、三成は加藤清正らの襲撃を受けて窮地に陥ったことがあった。そのとき、現場にかけつけた義宣は、三成の籠を自身の騎馬隊で護衛して守った。清正たちからすれば、恨みがあるのは三成であって義宣は関係ない。ここで義宣ごと攻撃してしまえば、佐竹家ともども敵にしてしまうことになり、大きな騒動に発展してしまう。結局このときは、三成が命を失うことはなかった。２人は、強い絆で結ばれていたのだ。

※⑤宇都宮家
下野国（現在の栃木県）の戦国大名。小田原城が豊臣秀吉によって陥落した後は、下野国18万石の所領を安堵され、朝鮮出兵に参加するが、1597年に改易された。太閤検地の際に石高の不正があったなど諸説あるも、確かなことはわかっていない。

話を関ヶ原直前に戻そう。家康から再三味方になるよう使者を送られたとき、三成との関係が義宣の頭をよぎったはずだ。ただ、現実的に考えれば、三成は家康に勝てないことも、義宣にはわかっていた。

もし、義宣が三成に味方し、結果として西軍が負けた場合でも、後世では関ヶ原で三成のために倒死した大谷吉継のように、〝義理〟と〝友情〟に生きた義将として評価されたかもしれない。逆に家康にガッツリと協力すれば、佐竹家を大きくしたパイオニアとの評価を得たことだろう。

しかし、重要な場面で決断できなかった義宣は、そのどちらの評価も得ることはできなかった。どんなに厳しい選択でも、きちんと態度を示さなければ、結局自分に跳ね返ってくるのである。

佐竹義宣の処世術

成り行きまかせの中途半端な態度では巡ってきた機会をふいにする。失敗を怖れ何もしなければ、後悔するのは自分である。難しい選択のときこそ勝機がある。リスクを覚悟し潔く決断すべきだ。

おわりに

学校で習う科目の1つに「歴史」がある。好き嫌いが特に分かれる科目だ。

嫌いな人に理由を聞いてみると、

「暗記するばかりで退屈だった」

という意見が目立つ。

単調な暗記作業を繰り返すのは確かにつらい。もし、暗記科目だからと苦手意識を持ってしまえば、歴史の勉強は後回しとなり、興味を持ちにくくなるだろう。

一方で、歴史が好きな人にその理由を聞いてみると、

「政治や経済などの歴史的教訓から現代、そして未来を考えることができるから」

という意見を聞くことがある。筆者もその意見には同意である。

ただ、ここであえて言いたい。もちろん、政治や経済を知るためには歴史から教訓を学び取ることが重要だ。しかし、それだけではあまりにもったいない。

歴史とは、有名無名の人々によって営まれてきた日々の生活の集成である。その集成をひも解くことで、政治や経済に必要な知識を学び、未来を考えることはできる。そうした過去との対話こそが歴

史を学ぶ基本とも言えるだろう。

しかし、考えてほしい。そこには無数の人間が存在し、その人間の数だけ〝生き方〟が存在していた。成功もあれば失敗もあり、幸運もあれば不運もある。歴史の教科書に載っているような有名人は、我々とまったく同じ人間であり、それぞれの人生を歩んでいたのである。

要は、人間のこれまでの行いすべてが歴史なのだ。ならば、堅苦しい政治史、経済史だけでなく、もっと身近な〝生き方〟を歴史から学ぶこともできるのではないだろうか。

〝歴史を学ぶことは生き方を学ぶこと〟だと私は考える。

〝生き方〟を学ぶと考えれば、学校の暗記でうんざりした方も歴史に興味が持てるのではないか。また、人生に迷いを感じた人が、歴史上の人物の生き方を学ぶことで、問題解決のヒントを見つけることができるのではないか。

本書を執筆した動機はそんなところにあった。群雄割拠、弱肉強食の戦国時代を逞しく、必死に生きた武将たち。その武将たちの処世術が人生を考えるヒントとなれば、これほどうれしいことはない。

最後に本書をここまで読んで下さった読者の皆さま、そして、出版のためにご尽力いただいた彩図社の権田一馬様に厚く御礼申し上げたい。

２０１５年７月　水戸 計

【主要参考文献】

『新潮日本人名事典』（新潮社）
『戦国人名事典』（新人物往来社）
岡谷繁実 著／北大路健・中澤恵子 訳『名将言行録』（講談社）
岡谷繁実 著／兵頭二十八 訳『名将言行録』（ＰＨＰ研究所）
西ヶ谷恭弘編『国別 守護・戦国大名事典』（東京堂出版）
『図解 日本の城』（西東社）
『別冊歴史読本 激闘！ 戦国武将三三〇傑』（新人物往来社）
桑田忠親『日本合戦全集４～５』（秋田書店）
『日本の歴史10～12』（中央公論新社）
ルイス・フロイス『完訳フロイス日本史１～５』（中央公論新社）
「歴史読本」編集部 編『戦国七人の軍師』（新人物往来社）
円道祥之『戦国友情伝 戦乱が結びつけた!? 男と男』（宝島社）
藤本正行『信長の戦争』（講談社）
吉田龍司 常井宏平『戦国武将〝伝説の通り名〟』（宝島社）
『徳川家臣団 組織を支えたブレーンたち』（講談社）
堺屋太一 編『日本を造った戦略集団１～２』（集英社）
鈴木良一『豊臣秀吉』（岩波書店）
鴨川達夫『武田信玄と勝頼』（岩波書店）
平山優『真田三代』（ＰＨＰ研究所）
山村竜也『真田幸村』（ＰＨＰ研究所）
河合正義『名将の智恵 勝負の智恵』（ＰＨＰ研究所）
二木謙一『関ヶ原合戦』（中央公論新社）
谷口克広『織田信長合戦全録』（中央公論新社）

谷口克広『信長と将軍義昭』（中央公論新社）
谷口克広『信長軍の司令官』（中央公論新社）
童門冬二『戦国武将に学ぶ「危機対応学」』（角川書店）
瀧澤中『戦国武将の「政治力」』（祥伝社）
小澤富夫『戦国武将の遺言状』（文藝春秋）
小松島六合『関ヶ原銘々伝』（ソフトバンククリエイティブ）
滝沢弘康『秀吉家臣団の内幕』（ソフトバンククリエイティブ）
藤本正行『本能寺の変』（洋泉社）
河合敦『河合敦の思わず話したくなる戦国武将』（日本実業出版社）
日本博学倶楽部『戦国武将　あの人の意外な「その後」』（ＰＨＰ研究所）
童門冬二『人生が開ける 戦国武将の言葉』（ＰＨＰ研究所）
戸部新十郎『戦国興亡 名将たちの決断』（ＰＨＰ研究所）
『臨時増刊 歴史と旅 日本城郭総覧』（秋田書店）
『日本史「戦国」総覧』（秋田書店）
『歴史と旅 裏切りの戦国史』（秋田書店）
『歴史と旅 甲斐の虎 武田信玄』（秋田書店）
『歴史と旅 伊達政宗と信長・秀吉・家康』（秋田書店）
『歴史と旅 豊臣秀吉の史話50選』（秋田書店）
『戦国 軍師たちの戦略』（新人物往来社）
『歴史読本 乱 一族分裂の戦国史』（新人物往来社）
『歴史読本 戦国武将の後継者』（新人物往来社）
『歴史読本 豊臣ＶＳ徳川 30年戦争』（新人物往来社）
『歴史読本 戦国勝ち残りの戦略』（新人物往来社）
『歴史読本 名将武田信玄 戦国最強の男』（新人物往来社）

著者略歴
水戸 計（みと・けい）
1980年生まれ。茨城県出身。元夕刊紙社会部記者。
現在は著名人へのインタビューを中心に歴史、社会事件、芸能、旅、グルメなど幅広く取材する。夕刊紙記者時代は政治・社会事件だけでなく、サブカルチャー分野のマニアックな企画記事を多数執筆。歴史分野への興味は、幼稚園時代に祖父と一緒にテレビドラマ「水戸黄門」を一緒に見てから。著書に『江戸の大誤解』（彩図社刊）がある。

カバーイラスト：亀川秀樹

乱世を生きる成功の極意
戦国武将の処世術

平成27年8月11日第1刷

著　者　水戸《みと》 計《けい》

発行人　山田有司

発行所　株式会社　彩図社
東京都豊島区南大塚3-24-4
MTビル　〒170-0005
TEL：03-5985-8213
FAX：03-5985-8224

印刷所　新灯印刷株式会社

URL：http://www.saiz.co.jp　Twitter https://twitter.com/saiz_sha

ISBN978-4-8013-0085-9 C0036